행복한 구역 모임 투 플러스
토론식

# 행복한
# 구역모임
# 투 플러스

토론식

생명의 양식
THE BREAD OF LIFE

구역모임은 한국교회를 지탱해온 든든한 기둥입니다. 그동안 한국교회는 주일 예배로 모이는 것뿐만 아니라 소그룹으로도 모여 말씀과 삶, 은혜를 누렸습니다. 지금은 교회마다 셀, 목장, 순, 사랑방 등으로 이름을 달리하지만 구역모임이 그 원형입니다.

모든 교재는 불만족스럽습니다. 어떤 교재는 너무 공부만 하고(정보만 제공하고), 또 어떤 교재는 지나치게 가벼운(감정선만 강조한) 것 같습니다. 이런 불만족 중에 《행복한 구역모임 투 플러스》는 균형을 잡고자 애를 썼습니다. 단순히 성경 정보만 제공하지도, 가벼운 감정만 나누지도 않습니다. 구역원끼리 말씀으로 위로하고 변화를 위해 서로 노력하는 데 도움 되도록 제작하였습니다.

《행복한 구역모임 투 플러스》의 주제는 "하나님 백성과 예수님의 삶"입니다. 구약 시대 하나님 백성의 삶과 예수님의 삶을 중심으로 단원을 구성했습니다. 각 단원은 '약속을 받은 하나님 백성'(박홍철 목사), '하나님 백성의 지도자들'(이성구 목사), '하나님 백성의 지혜와 노래'(신수인 목사), '예수님의 생애'(변성규 목사), '예수님의 가르침'(안동철 목사), '예수님의 비유'(최승락 교수)입니다.

《행복한 구역모임 투 플러스》는 이전에 출간되었던 구역모임 교재《행복한 구역모임》에서 주요한 단원만 선별해 개정한 교재입니다. 개정에 수고한 총회교육원 연구원들과 직원들에게 깊은 감사를 드립니다. 이 교재를 통해 완전한 하나님의 말씀이 각 교회의 소그룹마다 역사하여 온전한 한 사람, 한 사람을 세워가는 구역모임이 되기를 간절히 바랍니다.

2020년 11월 2일

총회교육원 이기룡 원장

# 행복한 구역모임 투 플러스
# 사용하기

◆

## 토론식

행복한 구역모임 플러스는 토론하기에 좋은
'토론식 교재'와 설명과 이해하기에 좋은 '강해식 교재'가 있습니다.

### 1단계 ◆ 마음열기

- 과의 주제와 관련된 도입을 읽고 함께 나누면서 모임을 시작합니다.
- '마음 열기'를 통해 구역원들은 보다 열린 마음으로 구역모임에 참여합니다.

### 2단계 ◆ 성경과의 만남

- '성경과의 만남'을 통해 제시된 주제의 답을 성경에서 발견합니다.
- 성경에 근거한 주제 해설은 명쾌한 이해와 확실한 깨달음으로 인도합니다.
- 해설 아래 질문을 통해 배운 말씀을 자신의 삶에 구체적으로 적용합니다.

### 3단계 ◆ 정리하며

- '정리하며'는 배운 말씀을 다시 정리하기 위한 단계입니다.
- 배운 말씀을 짜임새 있게 정리함으로 말씀을 기억하고 순종할 것을 다짐합니다.

### 4단계 ◆ 한 주간 약속

- '한 주간 약속'은 결단한 내용을 구체적으로 실천하는 마지막 단계입니다.
- 구역원들과 함께 약속함으로 서로 격려하고 실천하는 데 힘을 얻습니다.
- 서로를 위해 기도하며 모임을 마칩니다.

CONTENTS ──────────────────────────────────────

# 약속을 받은 하나님 백성

에덴동산에서 쫓겨나는 아담과 하와에게 하나님께서는 약속을 주셨습니다. 여인의 후손을 통해 구원을 베푸시겠다는 약속입니다. 이번 과에서 살펴볼 인물들이 모두 이 약속과 관련이 있습니다. 약속을 따라 하나님을 예배한 아벨, 엄청난 홍수 심판 중에도 약속을 따라 구원 받은 노아, 하나님의 약속을 따라 나서서 약속 받은 자들의 조상이 된 아브라함이 있습니다. 또 아브라함에게 주어진 약속의 아들 이삭, 마침내 하나님의 약속을 기억한 야곱, 하나님께서 주신 약속을 기대한 요셉, 이후 시간이 흘러 백성을 약속으로 이끈 지도자 모세, 약속의 땅을 정복한 여호수아까지. 약속에 따른 복된 여정을 우리도 함께 따라가 봅시다.

# 약속을 따라 예배한 아벨

창세기 3:15, 4:1-8
**찬양을 드리며:** 아 하나님의 은혜로(310장) / 주와 같이 길가는 것(430장)
**주간 약속 나누기:** 한 주간의 약속을 나누고 서로의 모습을
있는 그대로 받아 주세요.

## 마음열기

12

　"약속을 가장 잘 지키는 방법은 바로 약속을 하지 않는 것이다." 이 말은 유럽 대륙을 종횡무진한 나폴레옹이 한 말로 알려져 있습니다. 약속 없이는 살 수 없으니 신중하게 말하고 약속하라는 뜻입니다. 그만큼 약속을 지키기가 참 어렵습니다. 한국 사람이 가장 많이 하는 약속으로는 "다음에 식사 한번 해!" "언제 술 한 잔 해야지!" "우리 집에 초대 한번 할게!" "다음에 사줄게"가 있는데, 가장 지키지 않는 약속이기도 합니다. 허튼 약속만 남발하는 사람은 결국 주위 사람들로부터 신뢰받지 못하는 사람이 되고 맙니다.

　• 나는 약속을 지키기 위해 최선을 다하고 있습니까?

# 성경과의 만남

간교한 뱀이 나타나 하나님의 대리 통치자였던 아담과 하와를 유혹했습니다. 뱀에게 속은 그들은 금지된 열매를 먹었습니다. 그 순간 눈이 밝아졌고 벗은 몸을 부끄러워하기 시작했습니다. 더 큰 문제는 그전까지 예배하고 순종했던 하나님을 무서워하게 된 것입니다. 그들은 하나님의 얼굴을 피해 숨어들었습니다. 하나님의 형상인 사람을 통해 온 세상을 아름답게 하고자 했던 하나님의 계획이 사람의 불순종으로 무산될 위기에 처했습니다. 그러나 하나님께서는 포기하지 않으시고 사람들에게 새로운 약속을 주셨습니다.

## 1. 하나님께서 범죄한 아담과 하와에게 주신 약속이 무엇입니까?
### (창 3:15)

➜ 하나님께서 주신 약속의 내용은 여자의 후손이 뱀의 후손과 원수가 되고, 여자의 후손이 뱀의 후손을 이기신다는 것입니다.

**해설** 하나님께서 아담과 하와에게 새로운 약속을 주셨다. 사실 이 약속은 뱀에게 주어진 심판의 약속이었다. 그러나 내용상 아담과 하와도 포함한다. 세상에 여인의 후손과 뱀의 후손이 함께할 것이고, 그 후손들끼리 원수가 될 것이다. 뱀의 후손이 여인의 후손에게 큰 피해를 입힐 것이지만 결국 여인의 후손이 승리할 것이다. 동산에서 쫓겨나는 아담과 하와는 이 약속을 꼭 붙들었다. 원수인 뱀에게 승리할 뿐만 아니라 하나님과 관계도 회복될 것이기 때문이다. 이런 기대를 가지고 낳은 자녀가 바로 가인과 아벨이었다.

- 범죄한 사람에게 새로운 약속을 주시는 하나님은 어떤 분이십니까?

## 2. 약속을 받은 가인과 아벨은 어떻게 행동했습니까? (창 4:4)

➜ 가인은 약속을 소중하게 여기지 않았고, 아벨은 약속을 소중히 여겼습니다. 하나님께서는 아벨의 예배만 받으셨습니다.

**해설** 가인과 아벨이 하나님께 제사를 드렸다. 오늘날로 하면 예배를 드린 것이다. 가인은 자신이 농사지은 것의 수확물로 제사를 지냈고, 아벨은 자신이 목축한 양의 첫 새끼와 기름으로 제사를 드렸다. 그런데 하나님께서는 가인의 예배는 받지 않으시고 아벨의 예배만 받으셨다. 왜 아벨의 예배만 받으셨을까? 그 이유는 아벨이 약속을 따라 예배했기 때문이다(히 11:4). 아벨은 하나님의 약속을 믿고 의지하고 순종했다. 반대로 가인은 약속이 아닌 죄를 뒤따랐다. 그렇기 때문에 하나님께서는 죄를 따른 가인의 예배는 받지 않으시고 약속을 따른 아벨의 예배를 받으신 것이다.

- 내가 의지하는 약속은 무엇이며, 그 약속을 따라 살고 있습니까?

## 3. 약속을 따른 아벨은 어떻게 되었습니까? (창 4:8)

➜ 아벨은 약속을 따르지 않은 가인에게 살해당했습니다. 아벨은 예수님께서 인정하신 첫 번째 순교자였습니다.

**해설** 자신의 예배가 받아들여지지 않자 가인은 몹시 화가 났다. 화가 난 가인에게 하나님께서 엄중히 경고하셨다. 죄를 떠나 약속을 따르라는 말씀이었다. 하지만 가인은 하나님의 경고를 무시하고 동생을 아무도 없는 들로 불러내 죽였다. 가인의 모습에서 사악한 뱀의 모습을 볼 수 있다. 예수님께서는 형에게 살해당한 아벨을 두고 의로운 순교자라고 인정하셨다(마 23:35). 아벨의 모습에서 하나님의 약속을 따르는 자의 고난을 본다. 그러나 마지막에는 약속을 따라 뱀의 후손은 멸망할 것이고 여인의 후손이 승리할 것이다. 그렇기 때문에 우리는 하나님의 약속을 의지하고 예배하는 것을 포기할 수 없다.

- 고난과 고통이 두려워 받은 약속을 포기하려 한 적이 있습니까?

## 정리하며

범죄한 사람에게 하나님께서는 여전히 사랑을 베풀어 주십니다.
하나님의 선하심과 인자하심은 끝이 없습니다. 악한 세상 속에서
하나님의 약속을 지키며 사는 것이 참 쉽지는 않습니다. 그러나
사람과 달리 반드시 약속을 지키시는 하나님께서 악인을 심판하
시고 의인들을 구원하실 것입니다. 그러니 남은 시간 약속을 지키
기 위해 애를 써야 합니다.

## 한 주간 약속

소그룹에서 서로 토의하여 자유롭게 만들어 봅시다.
예) 어려운 순간이 찾아올 때 약속의 말씀을 기억하기.

## Lesson 2
# 약속을 따라 방주를 만든 노아

창세기 6:5-7:5, 9:8-17
**찬양을 드리며:** 예수가 거느리시니(390장) / 세상의 헛된 신을 버리고(322장)
**주간 약속 나누기:** 한 주간의 약속을 나누고 서로의 모습을
있는 그대로 받아 주세요.


## 마음열기

노아의 방주를 배경으로 한 코미디 영화 <에반 올마이티>
(2007)를 아십니까? 전작 <브루스 올마이티>에 비해 좀 더 기독
교적인 메시지가 담겨 있습니다. 신의 계시를 받은 에반은 처음
에는 거절하다가 결국 계시에 순종해 거대한 방주를 만들기 시
작했습니다. 주위 사람들 심지어 가족들도 그의 행동을 이해하지
못했습니다. 그러나 에반은 꿋꿋이 방주를 만들었고 가족들도 동
참하게 되었습니다. 영화는 결국 완성된 에반의 방주로 사람들과
동물들이 수해를 벗어나는 것으로 끝납니다.

• 만일 내가 노아처럼 방주를 만들라는 약속을 받았다면 어떻
  게 했겠습니까?

# 성경과의 만남

안타깝게도 세상에는 하나님의 약속을 따르는 여인의 후손보다도 약속을 거절하고 마음대로 사는 뱀의 후손이 많아졌습니다. 사람들의 죄가 세상에 가득했는데, 마음으로부터 악한 생각이 가득하고 계획하는 것마다 악했습니다. 근묵자흑이라는 말이 있듯이 악한 세상에 살다보면 물들기가 참 쉽습니다. 그러나 그런 세상에 살면서도 물들지 않고 하나님의 약속을 따라 살아간 사람이 있었습니다. 그가 바로 노아입니다.

## 1. 하나님께서 약속을 주시는 노아는 누구입니까? (창 7:5)

➜ 노아는 하나님의 약속을 따랐던 셋의 후손입니다. 노아도 하나님의 약속을 따르는 사람이었습니다.

**해설** 노아가 살던 시대에는 사람들이 포악해 항상 악한 것만을 생각했고, 힘 있는 자가 힘없는 자를 마음대로 다루었다. 하나님께서는 악취가 나는 세상을 쓸어버리기로 결정하셨다. 하지만 하나님의 약속을 따르는 노아와 그의 가족은 구원하기로 하셨다. 노아에게 물로 심판할 것을 말씀하시며, 물 심판에서도 건짐 받을 수 있는 방주를 만들라고 하셨다. 방주를 만드는 동안 큰 어려움이 있었다. 대규모 공사라 시간도 돈도 많이 들었을 것이고, 무엇보다 사람들의 수군거림과 조롱을 견뎌야 했을 것이다. 그러나 노아는 하나님의 약속을 따랐고 다 준행했다.

  • 내가 겪는 이 세상의 악함은 무엇입니까? 그 속에서도 어떻
  게 하나님의 말씀에 순종할 수 있겠습니까?

## 2. 홍수 속에서 노아와 가족들은 어떻게 구원 받았습니까? (창 7:23)
➜ 노아와 그 가족들은 하나님의 약속에 따라 방주를 통해 구원 받았습
  니다.

  **해설** 기술과 문명이 고도로 발달한 오늘날에도 수해는 참 두
렵다. 집중 호우로 하천이 범람하고 배수가 막혀 물이 차고 넘친
다. 오늘날에도 그렇다면 과거에는 얼마나 더 두렵고 무서웠을
까? 사십 주야 동안 비가 쏟아졌고 깊음의 샘이 터지고 하늘의 창
문이 열렸다. 높은 산들이 다 잠길 정도로 비가 왔다. 이처럼 하나
님의 심판이 엄중하고 두렵다. 그러나 약속에 순종한 노아와 그
가족들, 방주에 탄 생물들은 구원 받았다. 하나님은 온 세상을 심
판하시는 크고 놀라운 분이시지만, 하나님의 약속에 순종하면 그
심판에서 벗어나 구원 받는다.

  • 무서운 심판에서 벗어나 생명으로 옮겨진 감격이 있습니까?

**3. 하나님께서 노아에게 주신 약속은 무엇입니까? (창 9:11)**

➜ 구원 받은 노아에게 하나님께서는 다시는 홍수로 심판하지 않겠다고 약속하셨습니다.

**해설** 비는 그쳤고 물이 빠지기 시작했다. 방주에 있던 노아와 가족들, 생물들이 새로운 땅에 발을 내딛었다. 노아는 땅에 내린 뒤 제단을 쌓고 하나님께 예배를 드렸다(창 8:20). 하나님께서 노아의 예배를 받으시고 다시는 홍수로 세상을 멸하지 않겠다고 약속하셨다. 무지개를 약속의 징표로 삼으셨다. 징표까지 언급하셨으니 하나님께서 확실하게 약속을 지키실 것이다. 하나님께서 이렇게 확실한 약속을 주셨다면 우리도 노아처럼 그 약속을 따라 사는 것이 마땅하다.

• 하나님께서 하신 안전과 평화의 약속이 내게 어떤 의미입니까?

## 정리하며

노아 홍수 이야기는 어릴 때부터 들은 흥미진진한 이야기입니다. 그러나 면밀히 살펴볼수록 하나님께서 베푸신 은혜와 긍휼이 참 크고 놀랍습니다. 노아에게 무지개가 주어졌다면, 우리에게는 성령님께서 징표로서 함께하십니다. 심판 중에도 구원을 베푸시는 하나님의 긍휼하심을 기억하며 하나님을 예배하고 약속을 더욱 따르기 바랍니다.

## 한 주간 약속

소그룹에서 서로 토의하여 자유롭게 만들어 봅시다.
예) 하나님의 심판에서 벗어나 구원 받았음을 기억하고 예배 드리기.

# 약속을 따라 나선 아브라함

◆

창세기 12:1-9, 22:1-14
**찬양을 드리며:** 구주 예수 의지함이(542장) /
이 눈에 아무 증거 아니 뵈어도(545장)
**주간 약속 나누기:** 한 주간의 약속을 나누고 서로의 모습을
있는 그대로 받아 주세요.

# 마음열기

　　한상동 목사님은 일제 시절 신사참배 거부로 옥고를 치르고, 해방 후 고신교단 설립에 큰 기여를 하신 분입니다. 목사님은 여섯 살 때 부모님을 떠나 5촌 당숙의 집에 양자로 들어갔습니다. 무자하던 양친이 조상 제사를 위해 양자로 들인 것입니다. 그랬던 목사님이 24세에 예수님을 믿으면서 조상 제사를 지낼 수가 없게 되었습니다. 제사가 있는 날마다 집안에 큰 소동이 일어나곤 했습니다. 결국 문중에서 파양 선고를 받고 집안에서 완전히 쫓겨났습니다. 집안에서 쫓겨난 목사님은 호주 선교사님의 도움을 받아 전도자의 길을 걷게 됩니다.

　• 한상동 목사님의 옥중일기를 통해 무엇을 깨닫습니까?

# 성경과의 만남

하나님의 약속은 노아의 아들 셈을 통해 이어졌습니다. 그러나 그 셈의 계보에서도 하나님을 떠나는 사람들이 생겨났습니다. 하지만 하나님께서는 포기하지 않고 새로운 사람을 부르십니다. 바로 아브라함입니다. 하나님은 아브라함에게 씨와 땅에 대한 약속을 주십니다. 그는 어디로 가야 할지 몰랐지만 약속을 따라 나섰습니다. 연약한 모습을 보이기도 했지만 마침내 시험과 연단을 거쳐 믿음의 조상이 되었습니다. 아브라함과 동일한 약속을 믿는 우리가 바로 아브라함의 자손입니다(갈 3:7). 하나님은 약속대로 아브라함의 자손에게 복을 주십니다.

23

## 1. 아브라함이 받은 명령이 무엇입니까? (창 12:1)
➔ 고향과 친척과 아버지의 집을 떠나는 것입니다.

**해설** 하나님께서 아브라함에게 명령뿐만 아니라 약속도 함께 주신다. 아브라함을 통해 큰 민족을 이루고, 복을 주어 크게 번성하게 되고, 복의 통로가 되는 것이다(창 12:2-3). 아브라함은 약속을 의지해 가나안 땅으로 떠났다. 대단한 믿음의 결단이었지만 그도 좌충우돌했고 어려움도 겪었다. 그가 머물던 가나안 땅에 흉년이 들어 애굽으로 떠났고 그곳에서 아내 사라를 누이라 대답해 바로에게 빼앗길 위기에 처하기도 했다(창 12:10-20). 또 재산이 늘어나 사랑하던 조카 롯과 이별하게 되기도 했다(창 13:1-18). 하지만 하나님께서 아브라함을 도우셨고 아브라함은 그런 하나님을 예배하고 순종했다.

• 약속을 따라 믿음의 결단을 한 적이 있다면 나누어 봅시다.

## 2. 하나님께서 왜 아브라함을 의롭다고 여기셨습니까? (창 15:6)

➜ 아브라함이 하나님과 하나님께서 주신 약속을 믿었기 때문입니다.

아브라함의 마음이 꽤나 초조했을 것이다. 나이가 들어 아이 낳기도 어렵고 조카 롯도 떠났으니 포기한 듯 자기 종 엘리에셀이 상속 받기를 원한다고 한 것이다(창 15:2). 그러나 하나님께서는 반드시 아브라함이 자녀를 얻을 것이고 그 후손들이 하늘의 별과 같이 많아지고 그들이 지낼 땅을 줄 것이라고 약속하신다. 놀랍게도 이 약속을 아브라함이 믿는다. 그 모습을 보신 하나님께서 아브라함을 의롭다고 여기셨다. 또 아브라함에게 자신의 약속이 반드시 이루어질 것이라는 증표를 보여주기까지 하신다(창 15:17). 이처럼 하나님은 약속을 주시고 확신시키며 반드시 이루시는 분이시다.

• 걱정과 두려움 중에 하나님께 확신을 얻은 적이 있다면 나누어 봅시다.

24

### 3. 어떻게 아브라함이 하나님께 인정받았습니까? (창 22:12)

➜ 하나님의 명령대로 아들을 바침으로써 하나님께 인정받았습니다.

**해설** 하나님께서 아브라함을 마지막으로 검증하신다. 백세에 얻은 아들을 바치는 것이다. 처음에는 황당했다가 화가 나고 결국 절망스러웠을 것이다. 아브라함이 마침내 이 명령에 순종했고 이삭을 바치려 했다. 이 모습을 보시던 하나님께서 아브라함을 급히 말리셨고 아브라함의 믿음을 인정하셨다. 비록 연약한 모습도 보였지만 아브라함의 믿음이 증명되었다. 약속을 받은 우리도 이렇게 좌충우돌한다. 그러나 우리는 확실한 하나님의 약속을 끝까지 의지하고 믿음으로 살아야 한다.

- 현재 내게 주어진 시험과 연단은 무엇입니까? 하나님께서 내게 원하시는 것이 무엇이라 생각합니까?

## 정리하기

약속을 받고 떠난 뒤 아브라함의 삶이 늘 평탄하지는 않았습니다. 수확이 적기도 하고, 시간이 흘러도 자녀는 태어나지 않고, 심지어 힘들게 얻은 아들마저 하나님께 바쳐야 하는 순간도 있었습니다. 그러나 그때마다 하나님께서 도움을 주시고 격려해주셨습니다. 우리 역시 하나님께 받은 약속을 굳건히 의지하고 살아가야 합니다. 마침내 그 약속이 이루어질 것입니다.

## 한 주간 약속

소그룹에서 서로 토의하여 자유롭게 만들어 봅시다.
예) 한 주간 동안 할 수 있는 것을 결단하고 지키기.

## Lesson 4
# 약속의 아들 이삭

◆

창세기 26:1-25

**찬양을 드리며:** 주 음성 외에는(446장) / 주는 나를 기르시는 목자(570장)
**주간 약속 나누기:** 한 주간의 약속을 나누고 서로의 모습을
있는 그대로 받아 주세요.

# 마음열기

기네스북에 기록된 세계에서 최고 오래 산 사람은 122세를 향수한 프랑스의 잔느 깔망이라는 할머니입니다. 가족들이 자기보다 먼저 세상을 떠나자 할머니는 이웃 변호사에게 아파트를 팔았습니다. 계약 조건이 특이했는데, 아파트는 자신이 죽을 때 넘겨주고 그때까지 매달 2,500프랑(약 50만 원)씩 받는 것이었습니다. 그런데 놀랍게도 할머니는 20년을 넘게 살았고, 결국 변호사가 먼저 세상을 떠나고 말았습니다. 이런 일을 보면 우리 생각을 뛰어넘는 일이 세상에 많다는 것을 깨닫습니다. 결국 우리 인생을 이끌어 가시는 분은 하나님입니다.

• 내 생각과 방법을 뛰어 넘는 하나님의 능력을 경험해 본 적이 있습니까?

# 성경과의 만남

약속의 아들 이삭은 아버지 아브라함이나 아들 야곱, 손자 요셉에 비해 기록된 내용이 참 적습니다. 별다른 사건도 일어나지 않은 듯합니다. 혹시 그는 소심하고 있는 듯 없는 듯 조용히 살았던 사람이었을까요? 말씀을 보면 그도 아버지처럼 하나님의 약속을 따르는 사람이었습니다. 때로는 연약한 모습을 보이기도 했지만 강한 결단을 내리기도 하고 하나님의 약속을 의지하기도 합니다. 하나님께서는 약속을 의지하는 이삭에게 복을 내려주십니다. 약속으로부터 태어난 자가 자라서는 약속을 따랐고 마침내 약속의 조상이 되었습니다.

## 1. 이삭이 받은 약속이 무엇입니까? (창 26:2)

➜ 하나님의 명령에 순종할 때 아버지 아브라함처럼 복을 받게 될 것입니다.

**해설** 이삭이 흉년을 피해 가족들을 이끌고 풍족한 애굽 땅으로 가려 했다. 애굽으로 가다가 블레셋 땅 그랄에 도착했을 때 하나님께서 나타나셨다. 하나님께서는 이삭에게 가나안 땅에 머물라고 명령하시고, 명령에 순종한다면 아브라함에게 주어졌던 복이 동일하게 임할 것이라고 약속하신다. 이삭 역시 하나님께 약속을 받았다. 그러나 그도 아버지처럼 연약한 모습을 보인다. 그가 머물던 그랄 땅은 블레셋 사람들이 살던 땅이었는데, 그가 블레셋 사람들을 두려워해 아내를 누이라 속여 위험에 빠질 뻔도 했다. 하지만 약속을 주신 하나님께서 이삭을 보호하셨다.

• 믿음의 결단을 포기하려 했던 경험이 있습니까?

## 2. 약속을 의지해 순종한 이삭은 어떤 복을 받았습니까? (창 26:12)

➜ 하나님께 순종한 이삭은 백배의 수확을 받았습니다.

**해설** 풍족한 땅이 아니었음에도 불구하고 이삭은 백배나 되는 수확을 얻었다. 이것은 당연하게도 하나님께서 복을 주셨기 때문에 가능했다. 하나님께서 약속하신대로 순종한 이삭에게 복을 내리신 것이다. 이삭이 복 받은 것을 보고 주위 사람들이 시기했고 그들이 이삭에게 시비를 걸었다. 그러나 이삭은 그들에게 똑같이 대응하지 않고 다른 우물을 팠다. 파는 우물마다 물이 샘솟았고 그의 목축 반경은 더욱 넓어졌다. 하나님께 받은 약속을 의지하고 순종한 이삭이 하나님으로부터 더욱더 큰 복을 받았다.

• 걸어오는 싸움을 피했더니 도리어 복을 경험한 적이 있다면 서로 나누어 봅시다.

### 3. 이삭이 우물을 판 이유가 무엇입니까? (창 26:24)

➜ 하나님께서 다시 나타나 격려하시며 약속을 주셨기 때문입니다. 이삭은 신실하게 약속을 따랐습니다.

**해설** 이삭이 그랄 땅을 떠나 브엘세바로 이동했을 때 하나님께서 다시 나타나셨다. 꼭 아브라함이 약속을 확신하지 못할 때마다 나타나셔서 확신을 주신 것처럼 나타나셨다. 브엘세바로 이주한 이삭에게 하나님께서 복과 자손에 대한 약속을 주셨고, 이삭은 그런 하나님께 제단을 쌓고 예배했다. 그리고 다시 우물을 팠다. 흉년이 들었다는 것은 물이 부족한 것인데, 이삭이 약속에 순종해 그 땅에 계속 머물기 위해 물을 얻으려 한 것이다. 다시 말해 어려움 중에도 하나님의 약속을 따른 것이다. 결국 하나님께서 이삭에게 복을 주셨다.

• 말씀에 순종했더니 예상치 못한 복을 얻은 경험이 있습니까?

## · 정리하기 ·

이삭도 하나님께 약속을 받았지만 아버지 아브라함처럼 좌충우
돌했습니다. 그러나 하나님의 약속을 끝까지 의지했고 어려움 중
에도 약속을 따르고자 결단했습니다. 그렇게 신실한 이삭에게 하
나님께서 복을 주셨고 마침내 이삭도 아버지처럼 약속의 조상이
되었습니다. 우리 역시 신실하게 약속을 따를 때 하나님께서 주시
는 복을 누릴 것입니다.

## · 한 주간 약속 ·

소그룹에서 서로 토의하여 자유롭게 만들어 봅시다.
예) 주일 설교를 듣고 한 가지 이상씩 결단하고 실천하기.

Lesson 5
# 약속을 기억한 야곱

◆

창세기 28:10-22, 32:24-30, 35:1-15

**찬양을 드리며:** 내 주를 가까이 하게 함은(338장) / 내가 매일 기쁘게(191장)
**주간 약속 나누기:** 한 주간의 약속을 나누고 서로의 모습을
있는 그대로 받아 주세요.

# 마음열기

어느 날 꿈속에서 두 짝의 발자국을 보았네. 한 짝은 내 것. 또 한 짝은 주님 것. 그런데 내 인생이 가장 비참하고 슬플 때 발자국이 하나밖에 없었네. *"주님, 제가 당신을 따르기로 했을 때 주님은 저와 항상 함께 있겠다고 약속하셨지요. 그러나 보십시오. 제가 주님을 가장 필요로 했을 때 거기에는 한 짝의 발자국밖에 없습니다. 주님은 저를 떠나 계셨지요?"* 이렇게 묻자 주님이 대답하시었네. *"귀하고 소중한 내 아들아, 나는 너를 결코 떠나지 않았단다. 네가 본 한 짝의 발자국, 그것은 내 발자국이란다. 그때 내가 너를 등에 업고 걸었단다."*

• 무척이나 외로울 때도 여전히 하나님이 나와 함께 계심을 떠올린 적이 있습니까?

# 성경과의 만남

이삭이 에서와 야곱 두 아들을 얻었습니다. 그들은 쌍둥이였는데 배 속에서부터 싸웠고 자라서는 장자권으로 크게 다투었습니다. 에서는 동생 야곱을 증오했습니다. 에서를 두려워한 야곱은 집을 떠났습니다. 그때 하나님께서 찾아오셔서 그와 함께하시겠다고 약속을 주셨습니다. 모든 것이 잘 될 것이라 생각했지만 외삼촌 집에서 20년간 힘든 세월을 보냈습니다. 여러 아내와 자녀를 두었지만 그 때문에 가정은 평안한 날이 없었습니다. 형과 관계 회복도 큰 숙제였습니다. 이때 야곱은 약속을 떠올리고 하나님을 의지합니다.

## 1. 형 에서를 피해 외삼촌 집으로 떠나는 야곱에게 누가 나타났습니까? (창 28:13)

➔ 할아버지 아브라함과 아버지 이삭의 하나님께서 야곱에게 나타나 조상들에게 주신 똑같은 약속을 주셨습니다.

**해설** 형 에서를 피해 외삼촌 집을 향해 떠나던 야곱이 벧엘에서 노숙했다. 하늘을 이불 삼고 바위를 베개 삼아 잠을 청했는데 그날 밤 하나님께서 나타나셨다. 할아버지 아브라함, 아버지 이삭이 약속을 받은 것처럼 야곱도 약속을 받았다. 그 약속이란, 야곱을 통해 큰 민족을 이루고 그의 자손들이 지금 야곱이 있는 땅을 차지할 것이라는 내용이다. 그뿐만 아니라 야곱과도 함께하시겠다고 약속하셨다. 하나님의 약속을 받은 야곱이 잠에서 깨어 그곳에서 하나님께 예배했다. 아브라함, 이삭처럼 그도 하나님께 약속을 받았다.

• 험난한 인생 여정 중에 하나님께 위로를 받은 적이 있습니까?

## 2. 형 에서를 만나기 전 두려움에 휩싸인 야곱에게 무슨 일이 일어났습니까? (창 32:26)

➜ 얍복 강가에서 야곱이 약속을 붙잡고 씨름했습니다. 씨름하던 야곱이 마침내 하나님의 복을 받았습니다.

34

**해설** 약속을 주신 하나님께서 보호하셨지만 야곱은 지난 세월을 자기 꾀로써 살아 왔다고 생각했다. 하지만 야곱이 도무지 자기 꾀로 해결하지 못하는 벽을 만나게 되는데 바로 에서이다. 두려움에 휩싸인 야곱이 갖은 꾀를 내었지만 안심할 수 없었다. 그때 알 수 없는 한 사람과 밤새 씨름했고 마침내 그 사람이 보통 사람이 아닌 것을 깨달았다. 야곱은 자기 뼈가 부러질 때까지 그를 붙잡았고 그에게서 '하나님과 겨루어 이긴 자'라는 이름을 받았다. 야곱이 하나님의 약속을 붙잡고 씨름했고 그 결과 복을 받은 것이다.

• 하나님을 붙들고 기도했을 때 문제가 해결된 적이 있습니까?

## 3. 여러 가지 일로 마음이 불안해지고 머릿속이 복잡해진 야곱이 한 행동은 무엇입니까? (창 35:3)

➡ 하나님의 약속을 기억하고 벧엘로 올라갔습니다. 야곱이 그곳에서 하나님을 예배했습니다.

**해설** 딸 디나가 어려움을 당하고 아들들의 복수로 세겜 땅에서 지내기 어렵게 되자 야곱의 마음은 불안해지고 머릿속은 복잡해졌다. 그때 하나님께서 야곱에게 나타나 벧엘로 올라가라고 명령하셨다. 그러자 야곱은 하나님께서 주신 약속을 다시 기억했다. 온 가족을 데리고 벧엘로 올라가서 하나님을 예배했고 하나님께서는 또 다시 놀라운 복을 약속하셨다. 그도 할아버지 아브라함, 아버지 이삭처럼 약속의 조상이 되었다.

• 내게 하나님의 약속을 다시 떠올리게 하는 것은 무엇입니까?

## 정리하기

야곱의 삶을 보면 왜 저런가 싶으면서도 한편으로 그럴 수도 있겠다 싶습니다. 그 이유는 우리의 삶이 야곱과 같기 때문입니다. 험난한 인생 여정 동안 자기 꾀로 잘 사는 것 같지만 결국 하나님의 보호하심 덕분에 살아갑니다. 더 늦기 전에 하나님의 약속을 떠올리고 하나님께로 돌이킵시다.

## 한 주간 약속

소그룹에서 서로 토의하여 자유롭게 만들어 봅시다.
예) 어려운 문제를 두고 시간을 정해 하나님께 기도하기.

## Lesson 6
# 약속을 기대한 요셉

창세기 45:1-8

**찬양을 드리며:** 내 영혼에 햇빛 비치니(428장) / 나의 갈 길 다가도록(384장)
**주간 약속 나누기:** 한 주간의 약속을 나누고 서로의 모습을
있는 그대로 받아 주세요.

# 마음열기

소설『큰 바위 얼굴』의 줄거리입니다. 주인공 어니스트는 저 멀리 바위산을 닮은 사람이 지도자로 온다는 전설을 기대했습니다. 개더골드 씨가 그 첫 번째 후보였는데 그는 돈만 많을 뿐 큰 바위 얼굴과 전혀 달랐습니다. 아주 유명한 장군이 두 번째 후보로 올랐습니다. 그는 강한 힘을 지녔지만 역시 큰 바위 얼굴을 닮지 않았습니다. 이후 성공한 정치인도, 아름다운 시를 쓴 시인도 후보로 올랐지만 모두 큰 바위 얼굴과 닮지 않았습니다. 그런데 놀라운 일이 일어났습니다. 큰 바위 얼굴을 기대하던 노년의 어니스트가 그 얼굴을 닮게 된 것이었습니다.

• 나는 하나님의 약속을 기대하며 그에 따라 순종하고 있습니까?

# 성경과의 만남

흔히 요셉을 꿈꾸는 사람, 비전의 사람이라고 부릅니다. 특히 청소년 집회에서 요셉처럼 꿈을 꾸라고 도전하기도 합니다. 틀린 말은 아니지만 간과하는 것이 있습니다. 바로 요셉이 꾼 꿈은 자기 스스로 꾼 것이 아니라 하나님께서 주신 약속이었다는 점입니다. 약속을 주신 하나님께서 요셉을 인도하셨고, 요셉 역시 받은 약속을 기대하고 기대에 따라 행동했습니다. 요셉의 인생은 탄탄대로가 아니라 험난한 골짜기 길이었습니다. 그러나 그는 하나님의 약속을 기대했고, 약속이 이루어진 뒤에는 하나님의 인도하심 때문이라고 고백하는 겸손한 사람이었습니다.

## 1. 요셉이 꾼 꿈 두 가지는 무엇입니까? (창 37:9)

➜ **하나는 형들이 묶은 곡식 단이 자기 곡식 단에 절하는 것이고, 이어 꾼 꿈은 해와 달과 열한 별이 요셉에게 절한 것입니다.**

**해설** 요셉이 꾼 꿈들은 모두 요셉은 높아지고 그에게 형들이 절한다는 뜻이다. 요셉이 꿈을 꾼 것은 하나님께 약속을 받은 것과 같다. 하지만 그 꿈 이야기를 들은 형들은 화가 났고 그를 미워했다. 아버지 야곱은 요셉을 책망했지만 사랑하는 아들이 높아진다고 하니 속으로는 좋아했다. 야곱은 요셉을 사랑해서 아름다운 채색옷을 입혔는데 그것은 꼭 그를 상속자로 생각한 것과 같다. 그러나 요셉은 한 집안의 가장보다 더 넓은 한 나라를 관리 하는 통치자가 되었다. 그것은 약속을 주신 하나님 덕분에 이루 어진 것이다.

• 내가 꾸었던 꿈은 하나님께서 주신 꿈입니까?

**2. 형들의 계략으로 요셉이 애굽에 노예로 팔려갔습니다. 노예가 된 요셉이 어떻게 살았습니까? (창 39:5)**

➜ 노예가 되어도 요셉은 낙심하지 않고 하나님께서 주신 약속을 계속 기대했습니다. 그런 요셉을 보호하시고 복 주셨습니다.

**해설** 요셉은 하나님의 약속을 기대했기 때문에 절망적인 상황이지만 낙담하지 않고 최선을 다했다. 하나님께서 그런 그와 함께하셨고 그가 일하는 온 집이 형통하게 되었다. 보디발의 아내의 유혹을 뿌리친 결과 감옥에 갇혔지만, 심지어 그곳에서도 그는 절망하지 않고 하나님의 약속을 기대했다. 우리로서는 믿기 어려운 과정들(창 40장)을 거쳐 요셉은 애굽의 바로를 만났고 그의 신임을 얻어 마침내 총리가 되었다. 요셉의 지혜와 능력이 출중했겠지만, 중요한 것은 그가 하나님의 약속을 기대한 것과 하나님께서 그를 인도하셨다는 것이다.

• 하나님께 받은 약속을 나는 얼마나 기대하고 있습니까? 기대하는 만큼 순종합니까?

## 3. 요셉이 받은 약속은 어떻게 되었습니까? (창 45:7-8)

➜ 식량을 구하러 온 형들이 요셉인 줄 모르고 그에게 절했습니다. 마침내 하나님께서 주신 약속이 이루어졌습니다.

**해설** 총리가 되어 애굽에 닥친 위기를 극복하던 요셉은 식량을 구하러 온 형들을 만났다. 형들은 요셉인 줄 생각도 못하고 그에게 절했다(창 42:6). 마침내 하나님께서 주신 약속이 이루어진 것이다. 여러 과정을 거쳐 요셉은 형제들에게 자신을 밝혔고, 형들은 총리가 된 동생을 보고 깜짝 놀랐다. 형들은 자기들이 한 일이 있으니 두려웠을 것이다. 그러나 요셉은 형들이 한 일이 아니라 하나님께서 하신 일이라고 고백했다.

• 하나님께서 하신 일을 얼마나 고백하고 있습니까? 내가 이루었다고 생각하지는 않습니까?

## 정리하기

많은 사람이 요셉이 꾼 꿈, 요셉의 능력과 지혜에 관심이 많습니다. 그러나 요셉의 고백처럼 요셉에게 일어난 일은 형들의 계략 때문도 아니고, 자기 능력 때문도 아니고 오직 하나님의 약속 때문에 일어난 일입니다. 이런 요셉의 고백이 약속을 받은 자로서, 약속을 기대하는 자로서 마땅히 할 고백입니다.

## 한 주간 약속

소그룹에서 서로 토의하여 자유롭게 만들어 봅시다.
예) 하나님께서 하신 일을 기억하며 하루에 한 번 감사 찬송 부르기.

# 약속으로 이끈 지도자 모세

◆

출애굽기 3:1-19
**찬양을 드리며:** 주의 친절한 팔에 안기세(405장) / 예수 따라가며(449장)
**주간 약속 나누기:** 한 주간의 약속을 나누고 서로의 모습을
있는 그대로 받아 주세요.

# 마음열기

중국 내지 선교의 개척자 허드슨 테일러에게 한 청년이 찾아와 "신자가 되는 데는 몇 년이 걸립니까?"라고 물었습니다. 테일러 목사가 "램프의 심지에 얼마 동안 불을 붙여야 빛을 발합니까?"라고 반문하자 청년은 "그야 심지에 불이 붙는 순간부터 빛을 내지요"라고 대답했습니다. 테일러 목사는 청년의 손을 잡고 이렇게 말했습니다. "바로 그겁니다. 하나님께서 나를 부르시고 구원하셨다는 것을 깨닫는 순간, 새로운 삶의 빛이 그 영혼에서 타오르게 된답니다." 내가 가진 열정과 배경은 하나님의 일을 하는 데 중요하지 않습니다.

• 내 힘으로 한 일 중 자랑할 것은 무엇입니까? 내 힘으로 하려다 실패한 것은 무엇입니까?

# 성경과의 만남

모세는 이스라엘 민족의 대단한 지도자였습니다. 그가 베푼 놀라운 기적들, 그가 하나님께 직접 받은 율법들, 그가 지은 하나님께 예배하는 장소인 성막 등 전부 대단한 것들입니다. 그러다 보니 그 역시도 하나님께 약속을 받은 사람이었다는 것을 종종 놓칠 때가 있습니다. 그는 아브라함에게 주신 약속을 지키시는 하나님의 뜻에 따라 태어날 때부터 보호받았습니다. 이후 하나님께 약속을 받고 애굽의 바로와 대결했고 이후 광야에서 수많은 백성을 이끌었습니다. 많은 어려움이 있었지만 하나님께서 약속에 신실하시듯이 그도 받은 약속에 신실했습니다.

## 1. 모세가 받은 약속의 내용은 무엇입니까? (출 3:2, 10)

➡ 애굽에서부터 이스라엘 백성을 인도해 내어 가나안 땅으로 이끄는 것입니다. 이 약속은 아브라함에게 주신 약속과 같습니다.

**해설** 하나님의 비상한 보호하심으로 모세는 어릴 때부터 애굽의 왕궁에서 자랐다. 아마도 그는 자라면서 이스라엘 민족을 해방시키고자 하는 열망을 품었을 것이다. 그러나 혈기로써는 백성을 도울 수 없었고 그는 도망자 신세가 되었다. 광야에서 목자로 지내던 어느 날, 하나님께서 모세를 부르셨고 그에게도 약속을 주셨다. 이스라엘 백성을 애굽에서부터 약속의 땅까지 인도하겠다는 것이다. 모세는 처음에는 두려워 거절했지만 결국 약속을 받기로 했다.

• 내 능력, 지혜로 하나님의 일을 하려다 어려움에 빠진 적이 있습니까?

## 2. 백성이 금송아지를 섬기는 등 불순종할 때 모세는 어떻게 행동했습니까? (출 32:13)

➡ 불순종한 백성과 달리 모세는 약속에 신실했습니다. 약속에 신실한 모세의 기도를 하나님께서 들으셨습니다.

**해설** 모세도 이스라엘 백성을 인도하기가 참 쉽지 않았다. 그들은 완악하여 하나님께 불평불만을 토로했고 금송아지를 섬기기까지 했다. 하나님께서는 순종하지 않는 백성을 쓸어버리고 모세를 통해 새로운 민족을 만드시겠다고 말씀하셨다. 그러나 모세는 처음 하나님께 받은 약속을 기억하며 하나님께 자비와 긍휼을 베풀어 주실 것을 간구했고 하나님께서 들으셨다. 이후 이스라엘 백성이 가데스바네아에서 또 불순종했을 때도 모세는 간구했고 하나님께서 들으셨다. 하나님께서 약속에 신실한 모세의 기도를 들으신 것이다.

• 하나님의 일을 하다가 본의 아니게 억울한 일을 당한 적이 있습니까? 그때 어떻게 반응했습니까?

## 3. 하나님께서 모세를 어떻게 높이셨습니까? (신 34:10-12)

➡ 비록 약속의 땅에 들어가지 못했지만, 그와 같은 선지자가 다시 일어나지 못하며 하나님과 대면한 자라는 칭호를 얻었다.

**해설** 약속에 신실했으나 안타깝게도 모세는 약속의 땅에 들어가지 못했다. 백성이 불평할 때 하나님의 거룩함을 나타내지 못한 적이 있었기 때문이다(민 20:1-13). 그러나 약속의 땅에 들어가지 못했을 뿐 하나님께서는 모세를 높이셨다. 그와 같은 선지자는 다시 일어나지 못하며 하나님과 대면한 자라는 칭호를 얻었다. 또한 모세는 이후에 예수님께서 영광스럽게 되실 때 함께 했다(마 17:3).

• 신실한 자를 높이신다는 하나님의 약속을 확신합니까?

## 정리하기

모세의 삶을 요약하면, 받은 약속에 신실하게 순종했고 그 결과 하나님께로부터 높임을 얻게 되었다고 할 수 있습니다. 지난 날 모세는 자신의 지혜와 혈기를 의지했습니다. 그 결과 큰 실패를 맛보았습니다. 그러나 하나님께 약속을 받은 뒤에는 하나님과 약속을 의지했고 하나님과 대면한 자라는 칭호를 얻었습니다. 혈기를 의지할 것이 아니라 약속을 의지해야 합니다.

## 한 주간 약속

소그룹에서 서로 토의하여 자유롭게 만들어 봅시다.
예) 모세가 불꽃에서 하나님을 만난 것처럼 매일 새벽 기도회에
    참석해서 뜨겁게 기도하기.

## Lesson 8
# 약속의 땅을 정복한 여호수아

여호수아 1:1-11
**찬양을 드리며:** 허락하신 새 땅에(347장) / 주의 음성을 내가 들으니(540장)
**주간 약속 나누기:** 한 주간의 약속을 나누고 서로의 모습을
있는 그대로 받아 주세요.

# 마음열기

허드슨 테일러 선교사가 몸이 극도로 쇠약해졌을 때 친구에게
쓴 편지 내용입니다. "여보게, 나는 지금 몸이 너무 쇠약해서 걸
을 수가 없을 지경이라네. 성경도 못 읽고 심지어 기도도 못하고
있네. 단지 내가 지금 할 수 있는 일이라고는 하나님의 팔에 안
긴 어린 아기와 같이 누워 있는 것이라네. 그리고 그 어린 아이가
하나님을 믿듯이 나도 그렇게 하나님을 믿고 있을 뿐이라네." 위
대한 선교사였던 그가 지금은 늙어 쇠약해졌습니다. 하지만 그는
아무런 동요 없이 조용히 누워서 하나님을 향한 그의 믿음을 간
직하고 있었습니다.

• 나는 어려운 일을 만나거나 새로운 결정을 할 때 누구와 의
  논합니까?

# 성경과의 만남

위대한 지도자의 뒤를 잇는다는 것은 참 부담스러운 일입니다. 모세의 뒤를 이어 이스라엘 백성을 인도해 약속의 땅을 점령해야 하는 상황이라면 더더욱 그럴 것입니다. 여호수아는 모세 곁에서 좋은 훈련을 받았을 것임에도 불구하고 그는 두렵고 떨렸습니다. 하지만 모세에게 약속을 주셨던 하나님께서 그에게 나타나셨습니다. 강하고 담대하라고 수차례 반복해 말씀하십니다. 더불어 그에게도 약속을 주십니다. 하나님께 약속을 받은 여호수아는 약속을 의지했고 마침내 약속의 땅을 정복할 수 있었습니다.

## 1. 하나님께서 여호수아에게 어떤 약속을 주셨습니까? (수 1:5-6)
➜ 하나님께서 여호수아에게 모세와 함께했듯이 함께하겠다고 약속하셨습니다.

**해설** 모세의 후계자로 세워졌지만 여호수아는 크게 두려워 떨었다. 위대한 지도자 모세도 이스라엘 백성을 인도하기 어려웠는데, 그런 그들을 이끌고 강력한 가나안 군대와 싸워야 했기 때문이다. 그런 그에게 하나님께서 약속을 주셨다. 위대한 지도자 모세에게 주어졌던 하나님의 약속이 여호수아에게도 주어졌다. 그는 약속에 따라 하나님의 말씀을 떠나지 않고 순종했다. 그 결과 그가 어디로 가든지 형통했다.

• 살아오면서 가장 두려웠던 일은 무엇입니까? 그때 하나님께 받은 격려는 무엇입니까?

## 2. 이스라엘 군대가 승리할 수 있었던 비결은 무엇입니까? (수 10:14)

➔ 하나님의 약속을 의지했기 때문입니다. 약속에 따라 하나님께서 응답하셨고 이스라엘 군대는 승리했습니다.

**해설** 하나님께서 함께하셨기 때문에 흘러넘치는 요단강을 아무런 피해 없이 건넜고, 견고한 여리고 성을 함락시켰다. 아간의 범죄로 아이 성에서 패배했을 때 여호수아는 다시 하나님을 찾았고, 약속에 따라 승리할 수 있었다. 기브온 주민에게 속아 연합군과 싸우게 되었을 때에도 여호수아는 하나님의 약속을 의지했다. 약속에 따라 여호수아는 하나님께 도움을 구했고, 하나님께서는 응답하셔서 큰 우박 덩이를 내리고 태양과 달이 머물게 하셨다. 하나님의 크신 도움으로 여호수아는 가나안 땅의 주요 도시들을 점령할 수 있었다.

• 두려움 중에도 하나님의 약속을 의지해 좋은 결과를 얻은 적이 있습니까?

### 3. 늙은 여호수아가 백성 앞에 어떤 고백을 합니까? (수 24:15)

➜ 약속을 이루신 하나님을 고백하며 자신과 자기 집은 영원히 하나님만 섬기겠다고 선포합니다.

**해설** 주요 도시들을 점령한 뒤 여호수아는 율법에 따라 지파별로 땅을 분배하고 제도를 세웠다. 그때 유다 지파 소속 갈렙이 나아왔다. 그도 여호수아와 같이 하나님께 약속을 받았다. 그는 약속에 따라 헤브론을 요구했고 약속을 의지해 강력한 아낙 자손과 싸워 그 땅을 점령했다. 이후 시간이 흘러 늙은 여호수아가 모든 백성을 불러 모았다. 그는 백성을 향해 자신이 하나님의 약속을 의지한 것과 약속대로 땅을 정복하게 된 것을 말하면서 앞으로 자신과 자신의 집은 하나님을 섬길 것이라고 선포했다.

• 생애 마지막 날에 어떤 고백을 할 것 같습니까? 하나님께서 하신 일을 어떻게 고백하겠습니까?

## · 정리하기 ·

위대한 모세의 뒤를 이어 지도자가 된 여호수아는 더욱더 하나
님의 약속을 의지했습니다. 그 결과 약속의 땅을 정복할 수 있
었습니다. 생애 말년에 여호수아가 백성 앞에서 고백하는 장면
은 참 감격스러운 장면입니다. 우리는 생을 마감할 때 어떤 고
백을 할 수 있을까요? 오직 하나님만 의지했다고 고백할 수 있
기 바랍니다.

## · 한 주간 약속 ·

소그룹에서 서로 토의하여 자유롭게 만들어 봅시다.
예) 생애 마지막을 떠올리며 하나님께서 내게 하신 일을 정리해
    보기.

# 2단원
# 하나님 백성의
# 지도자들

하나님은 가나안 정복 이후 사사와 왕들을 세워 백성을 다스리도록 하셨습니다. 드보라는 여자의 몸으로 쓰임을 받았고, 기드온은 300명의 용사로 전쟁에서 승리했고, 삼손은 장렬한 죽음으로 그의 사명을 마감했습니다. 솔로몬은 성전을 봉헌하면서 하나님께 기도했고, 아사는 우상을 멸했고, 여호사밧은 주만 바라보고 믿음으로 승리했습니다. 그리고 히스기야는 강대국의 침략에 기도해 승리를 얻었고 요시야는 어릴 때부터 하나님의 말씀에 순종했습니다. 이번 단원을 통해 하나님께서 세우신 지도자들의 이 놀라운 발자취를 따라가 보십시오.

# 여사사 드보라

◆

사사기 4:1-24
**찬양을 드리며:** 귀하신 주여 날 붙드사(433장) / 예수는 나의 힘이요(93장)
**주간 약속 나누기:** 한 주간의 약속을 나누고 서로의 모습을
있는 그대로 받아 주세요.

# 마음열기

2020년은 코로나19의 시대로 기억할 것 같습니다. 우리나라 뿐만 아니라 전 세계가 바이러스에 속수무책이었습니다. 2020년 상반기에 온 국민의 관심을 받은 사람이 있습니다. 바로 정은경 질병관리청장이었습니다. 정은경 청장은 침착하게, 때로는 호소력 있게 매일 브리핑을 했고 상황을 통제했습니다. 어느 날 전날보다 더 짧은 머리로 등장했습니다. 머리 감는 시간조차 아끼기 위해서 머리를 더 짧게 자른 것입니다. 정은경 청장의 리더십과 관련 공무원들과 의료인들의 헌신으로 우리나라는 코로나19로부터 비교적 안전할 수 있었습니다.

• 사회에서 여성이 두각을 나타내는 일에는 무엇이 있을까요?

# 성경과의 만남

흔히 구약 시대에는 여성의 자리가 없는 것처럼 이야기합니다. 그러나 이것은 정확하지 않습니다. 룻을 통해 나오미가 회복되었고 다윗 왕이 태어났습니다. 또 에스더를 통해 유다 백성이 구원받았습니다. 특히 이스라엘에 아직 왕이 없던 시절, 백성의 송사를 처리하고 군사적 침입도 막아내는 사사의 직무를 여성인 드보라가 맡은 것은 주목할 부분입니다. 사사기에 기록된 모습을 보면 전투를 주관할 장군 바락이 드보라를 의지했고, 또 다른 여성 야엘이 활약했습니다. 역할에 차이가 있을 뿐 하나님께서는 남자와 여자를 차별하지 않았습니다.

## 1. 드보라가 바락에게 도움을 요청했을 때 바락의 반응은 무엇입니까? (삿 4:8)

➜ 바락은 드보라의 요청을 거절했습니다. 바락은 영예를 얻을 기회를 놓치고 말았습니다.

**해설** 가나안 왕 야빈의 압제로 이스라엘이 괴로워하며 하나님께 부르짖자, 하나님께서는 사사를 세우셨다. 바로 랍비돗의 아내 여선지자 드보라였다. 여성임에도 불구하고 탁월한 지도력을 발휘해 이스라엘을 다스리고, 야빈의 군대 장관 시스라와 대결을 준비했다. 드보라는 바락을 찾아가 군대를 이끌고 시스라와 싸울

것을 요청했으나 바락은 두려워했다. 하나님께서 바락을 영광스
럽게 해주시려 했지만 바락은 그 기회를 스스로 놓쳤다.

• 하나님께서 주신 기회임에도 불구하고 기회를 놓친 적은 없
  습니까?

## 2. 드보라와 시스라의 대결은 어떻게 끝났습니까? (삿 4:16)
➡ 드보라는 시스라에게 큰 승리를 거두었습니다. 그의 군대는 힘을 전혀
쓰지 못했습니다.

**해설** 시스라는 자신이 패배할 것이라고는 조금도 생각하지
않았을 것이다. 왜냐하면 그에게는 철 병거가 구백 대나 있었기
때문이다. 그는 자신 있게 기손 강가로 군대를 모았다. 하지만 하
나님께서 큰 비를 내려 강이 범람하고 땅을 질퍽거리게 하셨다.
시스라와 군대가 크게 의지한 철 병거는 도리어 짐이 되어버렸고
가나안의 군대는 혼란에 빠져버렸다. 시스라는 철 병거를 버리고
도망쳤다. 전쟁은 철 병거에 속한 것이 아니라 하나님께 속했다.

• 괜히 만용을 부리다 부끄러움을 당한 경우는 없었습니까?

## 3. 가나안과 이스라엘의 전투에서 또 누가 활약했습니까? (삿 4:21)

➔ 또 다른 여인 야엘이 활약했습니다. 야엘은 여인임에도 불구하고 시스라에게 승리했습니다.

**해설** 시스라가 좋은 관계였던 헤벨의 집으로 도망쳤다. 헤벨의 아내 야엘이 반갑게 맞이했다. 시스라는 안심하고 잠들었는데 이미 야엘은 드보라의 사람이 되어 있었다. 시스라가 잠이 들자마자 야엘은 용감하게 그의 머리를 말뚝으로 박아 끝을 내버렸다. 전쟁을 치른 바락이 아니라, 가만히 집에 있던 여성 야엘이 최후의 승자가 되었다. 사사요 선지자인 드보라의 예언대로 된 것이다(삿 4:9).

• 믿음이 적고 용기가 부족하여 좋은 기회를 놓친 경우가 있으면 말해 봅시다.

하나님 나라는 남자라고 더 대접받고 여자라고 더 천한 대접을 받지 않습니다. 하나님 나라에서는 하나님을 더욱 의지하는 자, 하나님께서 쓰시는 자가 높임 받습니다. 바락은 스스로 영예를 놓쳤습니다. 그러나 드보라와 야엘은 당대의 사회 인식을 제치고 하나님께 쓰임 받았습니다. 성별과 관계없이 모두가 하나님께 쓰임 받기를 갈망해야 합니다.

## 한 주간 약속

소그룹에서 서로 토의하여 자유롭게 만들어 봅시다.

예) 교회에서 드보라와 같이 하나님의 사역을 잘 감당하고 있는 성도가 누가 있는지 알아보기.

# Lesson 2
# 하나님이 주신 승리 기드온

사사기 7:1-8, 19-23

**찬양을 드리며:** 귀하신 친구 내게 계시니(434장) / 천성을 향해 가는 성도들아(359장)

**주간 약속 나누기:** 한 주간의 약속을 나누고 서로의 모습을
있는 그대로 받아 주세요.

## 마음열기

국사편찬위원장을 지낸 이만열 교수는 자주 이런 이야기를 들려주곤 하였습니다. 한국교회 성도가 아직 얼마 되지 않던 구한말, 어떤 사람이 평안도 군수로 발령을 받게 되자 그는 다른 곳으로 발령을 내달라고 조정에 상소하였습니다. 내용인즉 평안도에는 기독교인이 많아 다스리기 어려워 경상도로 보내 주기를 바란다는 것이었습니다. 이 소식을 전한 당시의 교계신문은 이 관리가 기독교인의 숫자가 비교적 많은 평안도에서는 가렴주구를 할 수 없을 것으로 생각해 기독교인들이 적은 경상도로 보내달라고 했을 것이라 추측했습니다.

• 한국교회가 지금 시급하게 변해야 할 모습은 무엇이라고 생
  각합니까?

# 성경과의 만남

예나 지금이나 많은 군사 수는 전쟁에서 중요합니다. 군사력의 열세를 극복하기 위해 훈련도 하고 전술도 짜는 것입니다. 그런데 오늘 본문에 나타나는 이스라엘의 사사 기드온은 이런 기본적인 원리를 무시해야 했습니다. 그는 하나님으로부터 동원할 군대의 숫자를 줄이라는 명령을 받습니다. 메뚜기처럼 많은 병사에다 낙타가 해변의 모래처럼 떼를 이루고 있는 미디안 군대와 싸워야 하는 마당에, 찾아온 지원병들조차 돌려보내라는 기이한 명령을 받은 것입니다. 그러나 기드온은 별다른 전략 전술도 없으면서 하나님을 의지해 그대로 순종합니다.

**1. 가나안에 이어 미디안이 이스라엘을 침공했습니다. 하나님께서는 기드온을 세워 싸움을 준비하게 하셨습니다. 많은 수가 모였는데 하나님께서는 무엇이라 말씀하셨습니까? (삿 7:3)**

➜ 두려워 떠는 자는 돌아가라고 말씀하십니다.

**해설** 기드온은 엄청난 규모의 미디안 군대와 싸우기 위해 군사를 모집했고, 3만 2천 명이 싸우겠다고 나섰다. 미디안에 비해 적지만 그래도 싸울 만한 수였다. 그러나 하나님께서는 그 수가 많다고 하셨다. 만약 3만 2천명으로 싸워 미디안에 이기면 틀림없이 그들은 "우리가 우리의 힘으로 이겼다."고 떠들어댈 것이기 때문이다. 그래서 두려워 떠는 자는 돌아가라고 했고 2만 2천 명이 돌아갔다. 기드온도 필시 두려웠을 것이나 하나님을 의지해 순종했다.

- 하나님이 아니라 숫자를 의지했다가 낭패 본 경험이 있습니까?

## 2. 만 명 정도가 남았는데 또 하나님께서는 돌려보내라고 하십니다. 마지막에는 몇 명이 남았습니까? (삿 7:7)

➜ 물을 혀로 핥는 자 3백 명만 남았습니다.

**해설** 하나님께서는 만 명도 너무 많다고 하시며 한 번 더 줄이겠다고 말씀하신다. 그들을 물가로 인도해 일제히 물을 마시게 했다. 하나님은 물 마시는 백성을 보시고 그들 가운데 무릎을 꿇고 마시는 자들과 물을 손으로 움켜 핥아먹는 자들을 구분하게 하셨다. 그랬더니 핥은 자는 3백 명이고 나머지는 무릎을 꿇고 마신 자들이었다. 왜 하나님께서 물을 핥아먹는 자들을 선택하셨는지 그 이유는 정확히 알 수 없다. 다만 분명한 것은 그들이 적은 수였다는 것이다.

- 내가 가진 것이 너무 보잘 것 없어서 주눅 든 적이 있습니까? 그때 하나님께 도움을 구했습니까?

**3. 온전히 하나님을 의지한 기드온이 승리했습니다. 기드온의 손에 들린 것은 무엇입니까? (삿 7:20)**

➡ 나팔, 항아리, 횃불로 보잘 것 없는 것이었습니다.

**해설** 기드온은 적은 수지만 군대를 이끌고 미디안 군대와 싸우러 갔다. 수가 적다보니 기드온이 두려워했는데 하나님께서 승리의 징표를 보여주셨다(삿 7:13-14). 확신한 기드온은 군대를 이끌고 미디안을 공격했다. 공격 방법도 참 이상했는데, 횃불을 들고 나팔을 불며 항아리를 부수었다. 삼백 명이 동시에 소리를 질렀다. "여호와를 위하라!" "기드온을 위하라!" "여호와와 기드온의 칼이다!" 밤중에 잠들었던 미디안 군사들이 혼비백산하여 서로를 적군으로 오인하고 싸웠다. 보잘 것 없는 것도 하나님 손에 붙들리면 강력한 무기가 된다.

• 하나님께서 나와 동행하시면서 나를 위해 싸우신다는 생각을 합니까? 구체적인 경험이 있습니까?

하나님께서는 끊임없이 병사 수를 다이어트 하셨습니다. 그 이유
는 적은 수로 큰 승리를 거두어 전쟁이 하나님 자신에게 속한 것
을 보이고자 하셨기 때문입니다. 하나님 손에 붙들리면 나팔, 항
아리, 횃불도 강력한 무기가 됩니다. 대적하는 이들 때문에 두려
우십니까? 전쟁은 하나님께 속했다는 것을 기억하고 오직 하나
님만 의지하십시오.

· 한 주간 약속 ·

소그룹에서 서로 토의하여 자유롭게 만들어 봅시다.
예) 두려운 일을 만날 때마다 '여호와와 ○○○(자기 이름)의 칼
    이다'라고 외치기.

Lesson 3

# 죽음으로 승리한 삼손

◆

사사기 16:15-31

**찬양을 드리며:** 여러 해 동안 주 떠나(278장) / 천부여 의지 없어서(280장)
**주간 약속 나누기:** 한 주간의 약속을 나누고 서로의 모습을
있는 그대로 받아 주세요.

# 마음열기

1945년 미국 전역에서 각광받은 20대 명설교자 세 사람이 있었습니다. 바로 척 템플턴, 브론 클리포드, 빌리 그래함입니다. 템플턴과 클리포드는 빌리 그래함보다 더 똑똑하고 재능이 더 많았습니다. 그러나 10년 후 템플턴은 신앙에서 멀어져 대중들의 기억 속에서 사라졌고 클리포드 역시 방탕한 생활을 하다 서른다섯의 나이에 아무도 울어주는 사람 없이 허름한 여인숙에서 세상을 떠났습니다. 오직 그래함만이 폭발적으로 사역의 전면에 나섰고, 미국과 세계 전역에 복음을 전하는 설교자로 끝까지 쓰임받았습니다.

• 오늘 하루도 하나님께 쓰임 받고자 나는 어떤 노력을 하고 있습니까?

# 성경과의 만남

삼손을 모르는 사람은 별로 없습니다. 기독교인뿐만 아니라 일반인들도 거인의 대명사 골리앗이나 힘센 장사 삼손은 대부분 잘 알고 있습니다. 삼손의 시작은 화려합니다. 천사가 나타나 탄생을 예고했고 나실인으로 구별되어 자랐습니다. 이후 '여호와의 영'이 그를 움직였다고 기록하고 있습니다(삿 13:24-25). 하나님의 특별한 은혜로 힘은 엄청났고 꾀도 잘 냈습니다. 그러나 그는 이방 여인 들릴라에게 유혹 받았고, 결국 지켜야 할 비밀을 발설하는 바람에 자신이 가진 모든 것을 잃어버리고 마침내 두 눈까지 뽑히는 비참한 모습으로 전락하고 말았습니다.

## 1. 하나님께 삼손을 특별히 구별하여 사사로 세우셨습니다. 삼손은 사사 직분을 잘 수행했습니까? (삿 16:17)

➜ 삼손이 정욕을 참지 못하고 들릴라의 유혹에 넘어가버렸습니다.

**해설** 삼손이 살던 시대에는 이스라엘이 블레셋에게 압제를 받고 있었다. 나실인으로 구별된 삼손은 하나님께로부터 괴력을 받았고 괴력을 사용해 블레셋 사람들을 공격했다. 블레셋 사람들은 이런 삼손을 감당하기 어려웠다. 그래서 한 가지 꾀를 내었는데 삼손이 좋아하던 이방 여인 들릴라를 매수해 삼손을 잡으려 한 것이다. 들릴라의 유혹과 압박으로 삼손은 비밀을 털어놓았고 결국 삼손은 블레셋 사람들에게 붙잡히게 되었다. 삼손은 구별된 자신의 사명을 잘 감당하지 못하고 유혹에 넘어가고 말았다.

- 내가 쉽게 빠지는 유혹은 무엇입니까?

## 2. 블레셋 사람들에게 붙잡힌 삼손은 어떻게 되었습니까? (삿 16:21)

➜ 눈이 뽑히고 감옥에 갇힌 채 맷돌을 돌리는 비참한 신세로 전락하고 말았습니다.

**해설** 힘으로는 그 누구도 당할 수 없었던 삼손이었지만, 여인의 유혹 앞에 속수무책이었다. 비밀을 알게 된 들릴라는 잽싸게 블레셋 사람들에게 알렸고, 멋모른 채 잠든 삼손은 머리카락이 밀리자 아무런 힘을 쓰지 못하게 되었다. "블레셋 사람이 들이닥쳤어요!"라는 소리에 몸을 떨쳐 일어나 보려 했지만 아무 소용이 없었다. 그는 속절없이 잡혔고 블레셋 사람들은 사정없이 그의 눈을 빼고 끌고 가서 옥에 가두고 맷돌을 돌리게 했다. 유혹에 넘어간 결과는 비참했다.

- 유혹에 넘어가 크게 낭패를 본 경험이 있습니까?

## 3. 비참하게 된 삼손이 끝까지 그 신세를 벗어나지 못했습니까?
### (삿 16:28)

➜ 삼손은 생사를 걸고 마지막 순간에 하나님께 기도했습니다. 하나님께서 기도에 응답하셨고, 그 결과 지난 세월보다 더 많은 성과를 낼 수 있었습니다.

**해설** 삼손의 머리가 자라기 시작했다(삿 16:22). 그런 것도 모르고 블레셋 사람들은 삼손을 잡고서 잔치를 벌였다. 그들은 다곤 신이 삼손을 잡게 했다고 믿으며 큰 제사를 드렸다. 그러다가 기막힌 생각을 해냈다. 삼손을 끌어내어 재주를 부리도록 하자는 것이다. 한 시대를 풍미하던 그가 희롱거리로 전락했다. 그러나 그렇게 인생을 마칠 수가 없었다. 사람들 앞으로 불려 나온 그는 기둥을 붙잡고 하나님께 기도했다. "이번만 나를 강하게 하사 단번에 원수를 갚게 하소서!" 기둥을 무너뜨리자 신전이 무너졌고, 20년간 사사로 있을 때보다 더 많은 사람이 깔려죽었다. 삼손의 간절한 기도가 응답된 것이다.

- "이번만 나의 기도를 들어 주옵소서." 혹시 이와 같은 기도를 해 본 적이 있습니까? 하나님께서는 그 기도에 어떻게 응답하셨습니까?

하나님의 은혜가 떠나면 한순간에 절망의 나락으로 떨어져버리는 모습을 삼손에게서 봅니다. 하나님의 은혜 안에 있을 때 삼손이 '삼손'일 수 있습니다. 하지만 정신 차린 삼손이 하나님께 다시 은혜를 구할 때 놀라운 역사가 일어났습니다. 유혹에 넘어져선 안 됩니다. 혹 넘어졌다면 포기하지 않고 하나님께 은혜를 구해야 합니다. 하나님께서 은혜를 주실 것입니다.

● 한 주간 약속 ●

소그룹에서 서로 토의하여 자유롭게 만들어 봅시다.
예) 자신을 넘어지게 유혹하는 것(게으름, 탐심, 비방 등) 중 하나를 중단하기.

Lesson 4

# 하나님께 기도한 솔로몬

◆

역대하 6:12-42, 7:11-22

**찬양을 드리며:** 기도하는 이 시간(361장) / 마음속에 근심있는 사람(365장)
**주간 약속 나누기:** 한 주간의 약속을 나누고 서로의 모습을
있는 그대로 받아 주세요.

# 마음열기

도널드 휘트니의 『오늘부터, 다시, 기도』에 나오는 이야기입니다. 신실한 부부가 있었습니다. 그들에게 사랑스런 딸이 있었는데 그 딸이 하나님 앞에 잘 자라길 바랐습니다. 부부는 "이제 자리에 누워 잠에 듭니다"로 시작하는 취침 기도를 딸에게 가르쳤고 매일 밤마다 기도하게 했습니다. 그렇게 기도하던 중 딸이 속으로 생각했습니다. '매일 밤마다 똑같은 기도를 하면서 나도 이렇게 지겨운데 하나님께서 이걸 계속 들으실까?' 그때 이후로 딸은 기도를 녹음했다가 자기 전에 틀어놓고 잠을 청했습니다.

- 혹시 저 소녀처럼 생각하고 있지는 않습니까? 더 깊이 기도하고 싶은 열망이 있습니까?

# 성경과의 만남

이스라엘의 왕이라면 역시 사울, 다윗, 솔로몬이 가장 먼저 생각날 것입니다. 그중 솔로몬은 놀라운 지혜를 소유한 왕이요, 이스라엘의 최고 전성기를 이끈 왕으로 기억합니다. 아버지 다윗의 숙원 사업이었던 성전 건축은 솔로몬 대에 이르러 본격적으로 시행되었고 마침내 성전이 완공되었습니다. 솔로몬은 완공된 성전을 하나님께 봉헌하면서 기도를 올려드리는데 그 내용이 참 중요합니다. 하나님께서는 솔로몬의 기도에 응답하셔서 약속을 주셨고 이 약속에 따라 이후 예루살렘과 성전을 다시 회복시키십니다.

## 1. 솔로몬이 하나님께 성전을 봉헌하면서 무엇이라고 기도합니까?
   (대하 6:18-20)

➜ 사람의 눈으로 보기에는 화려하지만 하나님께서 거주하시기에는 너무나 부족하다고 고백합니다. 다만 아버지 다윗에게 약속하신 것처럼 임해주시길 기도합니다.

**해설** 솔로몬이 화려하게 완공된 성전을 하나님께 봉헌한다. 그때 솔로몬은 하나님께서 거주하기에는 부족하지만 다윗에게 약속하신 것처럼 성전에 임해주시길 구한다. 아무리 화려하더라도 하나님께서 임재하지 않고, 기도를 들어주시지 않으면 성전이 제 역할을 하지 못한다. 솔로몬의 기도에 주목해야 한다. 자기

치적을 앞세우기보다 아버지 다윗이 받은 약속을 근거로 하나님
께 기도했다.

• 내가 이룬 것을 보고 하나님께 영광 돌리지 않고 스스로 만족
  했던 적이 있습니까?

## 2. 솔로몬이 성전을 봉헌하면서 특별히 구한 것이 무엇입니까?
### (대하 6:22-40)

➜ 자기 이득이나 명예가 아닌 하나님께서 맡기신 나라와 백성을 위해 필
요한 것들을 기도했습니다.

**해설** 크게 일곱 가지 기도 제목이다. 첫째, 공의롭게 판결할
수 있도록. 둘째, 범죄로 패배했지만 용서를 구할 때 들어주시기
를. 셋째, 비를 내려주시기를. 넷째, 전염병이나 병충해 등 재앙
에서 벗어나기를. 다섯째, 이방인의 기도를 들어주시기를. 여섯
째, 전쟁에서 승리하기를. 일곱째, 적국에 포로로 잡혀가 하나님
께 돌이킬 때 회복될 수 있도록. 이렇게 일곱 가지 기도 제목을 말
한 뒤, 성전에서나 성전을 향해 얼굴을 들고 기도할 때 응답해주
시기를 기도했다. 솔로몬이 구하는 기도는 자신의 이득이나 명예
를 위한 것이 아니라 하나님께서 맡기신 나라와 백성을 위한 기
도였다(마 6:33).

• 지금 이 순간 하나님 나라를 위해 내가 기도해야 할 내용은 무엇일까요?

## 3. 하나님께서 솔로몬에게 응답하셨습니다. 그 응답하신 내용은 무엇입니까? (대하 7:14)

➡ 다른 신을 섬길 때 심판이 임하지만 돌이켜 회개할 때는 다시 들으시겠다는 약속을 주셨습니다.

**[해설]** 솔로몬이 기도를 마치자 하늘에서 불이 내려와 번제물을 모두 태웠다. 이것은 꼭 처음 성막이 세워지고 모세와 아론이 제사를 인도할 때 하나님 앞에서 불이 나온 것 같다(레 9:24). 하나님께서 솔로몬의 기도와 성전을 받으셨다는 뜻이다. 밤에 하나님께서 솔로몬에게 직접 나타나 말씀하신다. 혹 비가 오지 않거나, 병충해나 전염병이 생기더라도 "악한 길에서 떠나 스스로 낮추고 기도하면, 내 얼굴을 찾으면, 내가 하늘에서 듣고 회복시켜 주겠다"고 말씀하셨다. 더하여 만일 하나님을 버리고 다른 신들을 섬길 때는 기도를 듣지 않고, 성전마저도 파괴하겠다고 엄중히 경고도 하신다. 그러나 회개할 때 들으시겠다는 놀라운 약속을 더하여 주신다.

• 하나님께 얼굴도 못들 만큼 부끄러웠던 적이 있습니까? 혹 그것을 이겨내고 다시 하나님께 기도한 경험이 있습니까?

## 정리하기

솔로몬이 하는 기도가 큰 가르침을 줍니다. 그는 아버지가 받은 약속에 따라 하나님께서 성전에 임하시길 기도했습니다. 하나님께서는 그 약속에 따라 응답하셨고 또 약속을 주셨습니다. 특별히 다른 신을 섬겨 심판을 받더라도 하나님께로 돌이켜 회개하면 다시 기도를 들으시겠다고 약속하십니다. 우리가 기도할 때마다 되새길 약속입니다. 깊은 기도를 원하십니까? 솔로몬처럼 하나님께서 하신 약속들을 기억하고 기도해야 합니다.

## 한 주간 약속

소그룹에서 서로 토의하여 자유롭게 만들어 봅시다.
예) 솔로몬의 방법대로 기도문을 작성해 보기.

## Lesson 5
# 우상을 멸한 아사
◆

열왕기상 15:9-24, 역대하 14:9-15
**찬양을 드리며:** 예수가 함께 계시니(325장) / 주님 주실 화평(327장)
**주간 약속 나누기:** 한 주간의 약속을 나누고 서로의 모습을
있는 그대로 받아 주세요.


# 마음열기


1787년 28세의 영국 하원의원이었던 윌리엄 윌버포스는 하나님으로부터 노예 해방에 대한 사명을 받았습니다. 당시 노예 무역은 국가 수입의 2/3를 차지하는 큰 사업이었습니다. 그러나 윌버포스는 노예 제도 폐지가 하나님의 뜻이라 확신하고 온 힘을 다했습니다. 기득권을 가진 자들은 그를 위협하고 온갖 방해를 다 펼쳤습니다. 그는 낙심할 법도 했지만 매일 아침 기도와 말씀 묵상으로 오히려 마음을 굳건하게 했습니다. 46년이라는 세월이 흘러서야 비로소 노예 제도 폐지 법안이 통과되었고 10일 후 기쁨 속에 윌버포스는 세상을 떠났습니다.


• 사회의 불의를 보고 나는 어떤 태도를 취합니까? 적극적으로
대응하는 방법은 무엇입니까?

# 성경과의 만남

말년에 솔로몬이 타락하자 하나님께서는 이스라엘을 분열시키셨습니다. 북쪽 열 지파들은 여로보암을 따랐고 유다와 베냐민만 다윗 왕가를 따랐습니다. 소수정권으로 전락한 유다는 정신을 차려야 했는데, 솔로몬의 아들 르호보암이나 그의 아들 아비얌은 하나님과의 관계가 아름답지 못하였습니다. 그들은 '다윗의 마음과 같지 아니하여' 하나님 앞에 온전하지 못하였습니다. 그럼에도 불구하고 하나님은 아사 왕 같이 신실한 왕들을 세우셨습니다. 하나님께서 다윗에게 주신 약속을 지키신 것입니다. 이처럼 하나님은 신실하고 자비로운 분이십니다.

## 1. 르호보암과 아비얌과 달리 아사는 어떤 왕이었습니까? (왕상 15:11)

➜ 아사는 다윗같이 행한 왕이었습니다.

**해설** 아사는 41년간 예루살렘에서 유다를 다스리는 동안 선대왕들과는 정반대로 다윗의 길을 충직하게 따랐다. 그는 하나님 앞에 정직했다. 남색하는 자들을 쫓아내고 조상들이 만든 모든 우상을 없애버렸다. 인간적, 정치적 부담이 있었음에도 불구하고 우상을 만들고 섬긴 태후 마아가를 폐위시켰다. 은, 금, 그릇들을 성전에 들여서 성전 제사가 원만하게 진행되도록 조치를 취했다. 훗날 히스기야나 요시야 왕이 다시 개혁 조치를 취하기도 하였지만, 아사 왕은 이미 유다 왕정 초기에 한 차례 종교 개혁을 실시했다. 하나님께서 신실한 아사를 통해 유다 왕국에 은혜를 베푸셨다.

• 아사가 개혁한 것같이 내 안에 개혁할 것들은 무엇입니까?

**2. 아사 왕 때 전쟁이 일어났습니다. 아사가 전쟁에 앞서 한 일이 무엇입니까? (대하 14:13)**

➜ 아사는 하나님께 부르짖었고 하나님께서 응답하셔서 전쟁에서 승리했습니다.

**해설** 아사 왕 때 전쟁이 일어났다. 구스 사람 세라가 유다 왕국을 침공했다. 그들의 군세가 대단했다. 군사 백만 명과 병거 삼백 대였다. 아사도 군대를 이끌고 나갔다. 전열을 갖춘 뒤 그가 먼저 한 일은 놀랍게도 하나님께 부르짖은 것이다. 그가 자기 군세, 병거를 의지하지 않고 오직 하나님만 의지한다고 고백했다. 하나님께서 아사의 기도를 듣고 구스 사람들을 치셨다. 아사와 그 군대가 그들을 추격해 무찔렀고 그들의 물건을 전리품으로 취했다. 전쟁은 오직 하나님께 속했으며 하나님을 의지하는 자가 전쟁에서 승리하는 것이 드러났다.

- 큰일을 앞두고 하나님께 부르짖은 경험이 있습니까? 그 결과
  는 무엇이었습니까?

## 3. 아사가 끝까지 하나님께 신실했습니까? (왕상 15:18)
➡ 안타깝게도 아사의 마무리가 아름답지 못했습니다. 마지막에 그는 하
  나님보다 아람 왕을 더 의지했습니다.

**해설** 종교 개혁도 하고 전쟁에서 놀라운 승리를 거두었지만
아사도 연약한 사람이었다. 북 이스라엘 왕 바아사가 남 유다를
침공했는데, 아사가 이때는 하나님을 의지하지 않고 인근 국가인
아람을 의지했다. 아사는 아람 왕 벤하닷에게 성전에 구별해 둔
은금을 바치고 북 이스라엘을 공격해달라고 했다. 북 이스라엘의
남으로는 유다 왕국이, 북으로는 아람이 있어 북쪽에서 공격해오
면 남쪽에 있는 군대를 물릴 것이었기 때문이었다. 아사의 계획
대로 바아사는 군대를 물렸고 유다 왕국은 무사했다. 하지만 하
나님께서는 아사의 행동을 기뻐하지 않으셨고, 결국 아사는 말년
에 병을 얻어 쓸쓸히 죽었다.

- 아름다운 마무리를 위해 내가 항상 기억해야 할 것은 무엇
  입니까?

## ● 정리하기 ●

신실하신 하나님께서 다윗에게 주신 약속을 끝까지 지키셨습니다. 신실한 아사 왕을 세워 유다 왕국에 큰 승리와 복을 주셨습니다. 그러나 안타깝게도 아사가 끝까지 신실하지 못했습니다. 그가 끝까지 신실했다면 얼마나 좋았을까요? 좋았던 처음 모습을 끝까지 유지하는 것은 참 어려운 일입니다. 우리는 아사와 같지 않아야 하겠습니다.

## ● 한 주간 약속 ●

소그룹에서 서로 토의하여 자유롭게 만들어 봅시다.

예) 내가 꼭 기억해야 할 것을 기록해두고 잘 보이는 곳에 붙여
    두기.

Lesson 6

# 주만 바라본 여호사밧

역대하 20:1-30

**찬양을 드리며:** 주 안에 있는 나에게(370장) / 나의 생명 되신 주(380장)

**주간 약속 나누기:** 한 주간의 약속을 나누고 서로의 모습을
있는 그대로 받아 주세요.

## 마음열기

깊은 산골에 한 소년이 살고 있었습니다. 어느 날 집 앞에 있는 나무가 쓰러져 길을 막아버렸습니다. 소년 혼자서 치워보려 했지만 역부족이었습니다. 그때 아버지가 다가와서 묻습니다.

"애야, 네가 할 수 있는 일은 모두 다 해 보았니?"

"예, 아빠. 제가 할 수 있는 일은 모두 다 해보았는데도 이 나무는 전혀 움직이지 않았어요."

"네가 아직도 하지 않은 일이 한 가지 있단다. 그게 무엇인지 알겠니?"

"잘 모르겠는데요?"

"너는 이 아빠에게 도와달라는 말을 하지 않았어."

• 현재 나 스스로 해결할 수 없어 씨름하고 있는 문제는 무엇입니까?

# 성경과의 만남

아사의 뒤를 이어 왕이 된 여호사밧이 다윗의 길을 걸었습니다. 그가 왕이 된 지 삼 년이 되는 해에 뛰어난 부하들을 유다 각지로 보내어 하나님의 말씀을 가르치게 했습니다. 또 레위 사람과 제사장도 보내 예배하게 했습니다. 이런 여호사밧의 정책을 통해 유다 왕국은 강성해졌고 여호사밧의 왕위도 강해졌습니다. 그런 여호사밧에게 위기가 찾아 왔으니 모압, 암몬, 마온 연합군이 쳐들어 온 것입니다.

## 1. 연합군이 쳐들어 오자 여호사밧은 어떻게 했습니까?
### (대하 20:3, 12)

➜ 여호사밧은 오직 주만 바라보았습니다. 백성에게 금식하고 기도할 것을 선포했습니다.

**해설** 하나님만 바라본 여호사밧의 행동은 외세의 힘을 빌렸던 아버지와 다른 행동이었다. 유다 백성이 모여 함께 기도했고 여호사밧은 오직 하나님께만 도움을 구했다. 이것은 솔로몬의 기도와 하나님의 응답을 기억하고 하나님께 구한 것이다. 믿음으로 사는지 아닌지는 어려움이 닥쳐올 때 판가름 난다. 평소에는 누구나 믿음이 좋은 것처럼 보이고, 믿음이 좋은 것처럼 행동할 수 있다. 그러나 진짜 위기가 닥쳐왔을 때 누구에게 도움을 구하느냐에 따라 그 믿음이 드러날 것이다.

• 최근에 어려운 문제로 금식한 경우가 있었습니까? 있다면 이 야기해 봅시다.

## 2. 하나님의 영에 감동되어 예언한 사람은 누구이며 그 내용은 무엇입니까? (대하 20:15)

➜ 레위 사람 야하시엘이 하나님의 영에 감동되어 예언했습니다. 그는 이 전쟁이 하나님께 속했다고 예언했습니다.

**해설** "이 전쟁은 너희에게 속한 것이 아니요 하나님께 속한 것이라!" 야하시엘을 통해 선포된 하나님의 말씀이다. 전쟁은 하나님께 속했다. 바로의 군대가 홍해에 수장 당한 일, 여호수아가 가나안 땅을 정복한 일, 드보라와 기드온이 승리한 일, 아사 왕이 구스 사람에게 승리한 일 모두 하나님께서 하신 일이다. 하나님께서 일하시는 순간 상상할 수 없는 승리를 얻게 된다. 여호사밧은 야하시엘을 통해 듣게 된 하나님의 응답으로 전쟁에서 승리할 것을 확신한 뒤 백성과 함께 하나님을 찬양했다.

• 매일 영적 전쟁에서 하나님이 나를 위하여 싸우시는 것을 언제 체험합니까?

## 3. 전쟁을 시작하면서 여호사밧은 무엇을 가장 앞세웠습니까?
### (대하 20:21)

➜ 여호사밧은 군대 가장 앞에 노래하는 자들을 세워 행진하게 했습니다.

해설 여호사밧이 백성과 의논해 세운 전략은, 노래하는 자들을 구별해 군대 앞에서 행진하게 한 것이다. 군악대를 통해 병사들의 사기를 진작시키는 것은 맞지만 군대 앞에 세우는 일은 없다. 그러나 여호사밧은 그렇게 했고, 찬양대로 세워진 이들이 하나님을 찬양했다. "하나님께 감사하자! 그분의 인자하심이 영원하다!" 찬양대가 찬양하자 하나님께서 연합군을 치셨고 그들은 크게 패했다. 여호사밧과 백성은 많은 전리품을 취했다. 위기의 순간에 낙심하지 말고 하나님을 크게 찬송한다면 하나님께서 놀라운 승리를 주실 것이다.

• 하나님을 찬양할 때 마음의 불안이 사라지고 굳건한 확신이 생긴 경험이 있습니까?

신실한 하나님의 백성도 큰 위기를 만납니다. 그러나 그 위기를 만났을 때 진짜 신앙이 드러납니다. 신실한 왕 여호사밧이 큰 위기를 맞았을 때 가장 먼저 한 것이 하나님께 도움을 구한 것입니다. 우리는 위기를 만날 때 가장 먼저 무엇을 합니까? 오직 주만 바라보며 하나님만 의지하기 바랍니다. 그럴 때 하나님께서 주시는 놀라운 승리를 경험할 것입니다.

## 한 주간 약속

소그룹에서 서로 토의하여 자유롭게 만들어 봅시다.
예) 구역 식구들 가운데 누군가가 힘든 일을 겪고 있다면 그를 위해 금식하고 기도하기.

# 기도의 사람 히스기야

◆

열왕기하 19:1-7, 20-35
**찬양을 드리며:** 내 기도하는 그 시간(364장) / 죄짐 맡은 우리 구주(369장)
**주간 약속 나누기:** 한 주간의 약속을 나누고 서로의 모습을
있는 그대로 받아 주세요.

## 마음열기

미얀마 선교사 아도니람 저드슨이 인도에 있던 윌리엄 캐리를 방문한 적이 있었습니다. 저드슨은 캐리에게 어떻게 그런 역경과 어려움을 견딜 수 있었냐고 물었습니다. 그러자 캐리는 저드슨을 정원의 한 구석으로 데리고 갔습니다. "여기가 바로 나의 예배 장소이자 기도와 묵상의 자리입니다. 이 자리가 없었다면, 나는 계속해서 닥쳐온 고난을 이겨 내지 못했을 것입니다. 나는 매일 새벽 5시마다 이 자리에 와서 하나님께 기도하고 묵상합니다. 또 저녁이 되면 밥을 먹은 뒤 손에 성경을 들고 다시 이 자리로 옵니다."

• 나는 어려운 문제가 닥쳐올 때 가장 먼저 무엇을 합니까?

# 성경과의 만남

우리는 구약에서 기도하는 사람들을 만날 수 있습니다. 소돔의 멸망을 두고 기도하는 아브라함, 술 취했다는 오해를 살 정도로 간절히 기도한 한나, 예루살렘 성전을 짓고 봉헌 기도를 드린 솔로몬 등입니다. 유다 왕 히스기야도 기도하는 사람이었습니다. 우리는 흔히 절망스러운 상황을 만나면 기도할 수 있을 것이라 생각합니다. 그러고선 아직 상황이 어렵지 않으니 기도 안 해도 된다고 생각합니다. 그러나 결코 그렇지 않습니다. 평소에 기도하는 사람이 어려울 때도 기도할 수 있습니다. 히스기야는 어려울 때 하나님께 기도했던 기도의 사람이었습니다.

## 1. 앗수르가 쳐들어와서 하나님과 유다 왕국을 욕보이자 히스기야가 보인 반응이 무엇입니까? (왕하 19:1)

➔ 히스기야가 하나님께 기도했습니다.

**해설** 히스기야가 신실했지만 그도 연약한 인간이었다. 강대국 앗수르가 북 이스라엘을 멸망시키자 히스기야는 크게 두려워했고 신흥 세력인 바벨론에게 도움을 구했다(왕하 20:12-15). 앗수르 왕 산헤립은 이를 괘씸하게 여겼고 남 유다를 대대적으로 침공했다. 여러 성읍들이 차례로 함락당했고 수도 예루살렘이 포위당했다. 앗수르의 장군 랍사게가 "어디 앗수르를 거역한 나라

중 살아 있는 나라가 있느냐? 또 신들 중에 어느 신이 앗수르 왕의 손에서 건져 냈느냐?"라며 선포했다. 이 말을 들은 히스기야와 신하들이 크게 두려워하며 분개했다. 그때 히스기야는 여호와의 전에 들어가 기도했다.

• 하나님의 이름이 모욕 받을 때 나는 어떤 태도를 보입니까?

## 2. 선지자 이사야가 히스기야에게 전한 하나님의 뜻이 무엇입니까? (왕하 19:20)

➡ 하나님께서 기도를 들으셨고, 예루살렘과 유다 왕국을 보호하시겠다고 하셨습니다.

**해설** 하나님께서 앗수르 왕의 교만함을 들으셨고 반드시 그들을 심판하시겠다고 말씀하셨다. 하나님은 애굽과 그 군대를 물리치신 위대하고 강한 분이시다. 솔로몬에게 응답하신 것처럼 적군에게 위협 받을 때 하나님께 기도한다면 하나님께서 백성을 구원하실 것이다. 아무리 군대가 크고 강해도 하나님을 이길 수는 없다.

• 닥친 어려움에서 벗어날 길이 없을 때 하나님께 기도한 적이 있습니까? 그때 하나님께서 어떤 응답을 주셨습니까?

### 3. 한밤중에 앗수르 진영에서 무슨 일이 일어났습니까? (왕하 19:35)

➜ 하나님께서 심팔만 오천 명이나 되는 앗수르 군대를 몰살시키셨습니다.

**해설** 정말 놀라운 일이 일어났다! 예루살렘 성을 포위하고 있던 앗수르 군대 십팔만 오천 명이 순식간에 몰살당한 것이다. 다른 기록을 보면 하나님께서 천사를 보내 그들을 멸하셨다고 한다(대하 32장). 홍해에 바로의 군대가 수장 당한 것과 꼭 같다. 예상치 못한 패배를 당한 산혜립은 그 길로 앗수르로 돌아갔고, 얼마 뒤 부하들이 그를 암살했다. 열국을 정복하고 교만해진 산혜립이 하나님을 모욕하고 넘보았으나 그 결과는 비참했다. 그와 달리 살길이 보이지 않을 때 하나님을 의지한 히스기야는 구원을 경험했다.

- 교만해져서 기도하지 않은 적이 있습니까? 아니면 심판을 받아 회개하고 돌이킨 적이 있습니까?

히스기야가 큰 위기를 맞았습니다. 정말로 솟아날 구멍이 하늘밖에 없었습니다. 그때 히스기야가 하나님께 기도했고 하나님께서 응답하셨습니다. 앞으로 다시는 없을 놀라운 승리를 주셨습니다. 하나님께서 능력이 없어 우리가 이기기 어려운 것이 아니라 우리가 하나님께 기도하지 않기 때문에 그렇습니다. 위기 중에 있습니까? 지금 당장 하나님께 기도하십시오.

소그룹에서 서로 토의하여 자유롭게 만들어 봅시다.
예) 시간을 작정하고 닥친 어려움에서 벗어날 수 있기를 기도하기.

## Lesson 8
# 말씀에 순종한 요시야
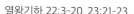

열왕기하 22:3-20, 23:21-23
**찬양을 드리며:** 주의 말씀 받은 그 날(285장) / 주 음성 외에는 (446장)
**주간 약속 나누기:** 한 주간의 약속을 나누고 서로의 모습을
있는 그대로 받아 주세요.

## 마음열기

　한 초보 선원이 배의 키를 잡았습니다. 이 선원은 항상 선장의 지시에 따라 움직였습니다. 그런데 어느 날이었습니다. 빙산이 근처에 있는데도 선장이 계속 그 쪽으로 가라는 것이었습니다. 빙산이 가까울수록 선원의 마음은 타 들어갔고, 끝내 방향을 돌리려 했습니다. 그때 선장은 엄한 목소리로 "그대로!"라고 소리쳤습니다. 선장의 단호한 모습에 선원은 지시에 따랐고 얼마 지나지 않아 선장이 "반대 방향으로!"라고 명령했습니다. 그때야 비로소 선원의 눈에 암초가 보였습니다. 선장은 그 암초를 보고 있다가 정확한 때에 배를 돌린 것이었습니다.

• 하나님의 말씀이 내 발의 등과 빛이 되고 있습니까? 말씀에 나는 어떻게 반응합니까?

# 성경과의 만남

히스기야 이후 유다 나라가 바로 서는가 싶었는데 이어 왕이
된 므낫세는 극악한 왕이었습니다. 므낫세는 사악한 북 이스라
엘 왕 아합의 길로 걸었습니다. 결국 하나님께서는 유다를 멸망
시키기로 결정하셨습니다. 그러던 때에 요시야가 왕이 되었습니
다. 어린 나이에 왕이 되었지만 요시야는 다윗의 길을 걸으려 노
력했습니다. 유다 나라가 회복될 유일한 방법이 하나님을 의지하
는 것이었고 하나님의 말씀을 따르는 것이라 믿었기 때문입니다.

## 1. 어린 나이에 왕이 된 요시야가 다윗의 길로 행하면서 행한 가장 대
표적인 일이 무엇입니까? (왕하 22:5-6)

➜ 하나님의 성전을 수리한 것입니다.

**해설** 요시야는 어린 나이에 왕이 되었지만 정직했고 '다윗의
모든 길'로 행했다. 스물여섯 살이 되는 해부터 본격적으로 개혁
을 시작했다. 그중 하나가 바로 성전 수리였다. 그 옛날 화려하던
성전이 이제는 낡고 허름해졌다. 꼭 하나님을 신실하게 예배하고
영광을 누렸던 이스라엘이 이제는 하나님을 배반하고 예배에도
소홀히 해 그 누린 영광마저 쇠락한 것과 같다. 요시야는 하나님
앞에 바로 서고자 성전을 수리한 것이다. 수리를 진행하는 동안
재정 문제가 없도록 정직하게 일을 처리하라고 지시했고 함께하

던 이들도 정직하게 처리했다.

• 혹 이전과 달리 예배에 소홀해지지는 않았습니까? 나는 예배
를 어떻게 생각합니까?

## 2. 성전을 수리하던 중에 무슨 일이 일어났습니까? (왕하 22:13)
➡ 수리하던 중에 율법책을 발견했고, 요시아가 그 말씀에 순종했습니다.

**해설** 성전을 수리하면서 율법책을 발견했다. 누군가는 이 책을 신명기서나 그 일부분이라 주장하지만 알 수 없고, 분명한 것은 이 율법책에 하나님의 명령에 순종하지 않을 경우 심판이 주어진다는 내용이 기록되어 있다는 것이다. 요시야는 그것을 보고서는 절망할 수밖에 없었다. 나름 잘 했다고 생각했는데 하나님의 기준이 너무나 높았기 때문이다. 그때 찾아간 선지자 훌다를 통해 순종하는 요시야 때는 심판하지 않겠다는 하나님의 뜻을 들을 수 있었다. 요시야는 하나님의 뜻을 듣고 더욱더 대대적으로 개혁했다(왕하 23:1-20).

• 늦었다고 생각하고 순종하지 않는 말씀이 있습니까? 다시 시
작해 볼 생각은 없습니까?

## 3. 신실한 왕 요시야가 백성과 함께 지킨 절기가 무엇입니까?
### (왕하 23:21-23)

➜ 요시야가 백성과 함께 유월절을 지켰습니다.

**해설** 말씀에 따라 대대적인 개혁을 한 뒤에 요시야는 백성과 함께 유월절을 지켰다. 이스라엘의 시작인 출애굽 사건을 기억하는 유월절을 지킨 것이 참 뜻깊다. 근본을 돌아보고 하나님만 의지하려 한 것이다. 예수님 이후에는 성찬식이 새로운 유월절이다. 어린양 고기와 누룩 없는 떡을 먹으며 하나님의 구원을 기억하고 은혜를 누리는 것처럼, 이제는 예수님의 몸과 피를 가리키는 떡과 포도주를 먹음으로 하나님의 구원을 기억하며 은혜를 누린다.

• 예수님 이후 새로운 유월절인 성찬식에 나는 어떤 마음으로 참석합니까?

## ● 정리하기 ●

비록 유다 왕국이 요시야 때 하나님의 심판을 피했지만 결국 멸
망하고 말았습니다. 그러나 하나님께서는 이후 다시 유다 백성을
예루살렘으로 돌아오게 하셨고 마침내 다윗의 자손 예수님을 보
내셔서 하나님의 모든 백성을 다시 불러 모으셨습니다. 새로운 출
애굽, 유월절을 시작하신 것입니다. 이제는 요시야 때보다 더 기
쁘고 즐겁게 하나님께 순종해야 합니다.

## ● 한 주간 약속 ●

소그룹에서 서로 토의하여 자유롭게 만들어 봅시다.
예) 앞으로 있을 성찬식을 일정표에 기록해 두고 기도로 준비하기.

# 하나님 백성의 지혜와 노래

오래전부터 하나님 백성은 하나님을 노래했습니다. 또 하나님께서 주시는 지혜를 잘 전수했습니다. 그 결과물이 바로 욥기, 시편, 잠언, 전도서, 아가입니다. 시편은 글로 기록되어 있지만 노래입니다. 게다가 여기에는 하나님께서 주시는 지혜도 담겨 있습니다. 욥기, 잠언, 전도서는 하나님 백성의 일상과 관련된 지혜가 담겨 있고, 아가는 특별히 사랑이라는 주제에 집중하고 있습니다. 이런 노래와 지혜는 과거에 유행했던 유행가나 한때 인기 있던 처세술 수준이 아닙니다. 하나님 나라 백성으로서 언제나 부를 노래요 깨달을 지혜입니다. 이번 단원을 통해 참된 찬양과 지혜를 깨닫기 바랍니다.

Lesson 1

# 고난과 역경을 넘어서는 믿음

◆

욥기 2:1-13, 42:1-17

**찬양을 드리며:** 어려운 일 당할 때(543장) / 이 눈에 아무 증거 아니 뵈어도(545장)
**주간 약속 나누기:** 한 주간의 약속을 나누고 서로의 모습을
있는 그대로 받아 주세요.

## 마음열기

프랑스의 대문호 뒤마가 쓴 『몬테크리스토 백작』은 전 세계에 널리 알려진 소설입니다. 이 소설의 주인공 에드몽 당테스는 한 상사의 유능한 일등 항해사였습니다. 사장에게 인정받고 동시에 아름다운 약혼녀도 있어 그에게 남은 인생은 꽃길을 걷는 것 같았습니다. 그러나 그를 질투하는 이들의 음모로 당테스는 순식간에 범죄자가 되었고, 그 누구도 가기 싫어하는 이프섬의 감옥에 갇히게 되었습니다. 당테스에게는 절망만 남았습니다. 억울하게 갇힌 당테스는 삶을 완전히 포기하려 했지만 귀인의 도움으로 새로운 기회를 얻게 되었습니다.

• 만일 내가 억울한 일을 당한다면 어떨 것 같습니까? 내 주변 또는 내게는 그런 일이 전혀 일어나지 않을 것 같습니까?

# 성경과의 만남

"악한 사람은 심판 받고 선한 사람은 복 받는다"는 원리는 분명해 보입니다. 이 원리는 분명 하나님의 창조 질서에 따른 것입니다. 그러나 주변에서 악인은 승승장구하고 의인은 고난 받는 것을 봅니다. 그럴 때 '하나님께서 과연 정의롭게 세상을 다스리는가'하는 의구심이 들고 믿음까지 흔들립니다. 이런 의문에 욥기가 답을 줍니다. 까닭 없이 의인이 고통 받을 수 있으며 그 배후에 사탄이 있음을 밝힙니다. 어렵더라도 하나님 백성은 끝까지 하나님을 신뢰해야 하며 하나님께서는 마침내 악을 심판하실 것입니다. 이것이 욥기가 가르치는 지혜입니다.

## 1. 하나님께서는 욥에 대해 어떻게 말씀하십니까? (욥 2:3)

➜ 하나님께서는 욥을 의롭다고 인정하셨습니다.

**해설** 욥은 성공적인 인생을 살았지만 교만하지 않고 겸손히 하나님을 섬겼다. 욥은 하나님의 자랑거리였다. 사탄이 하나님의 허락하심 아래 처음 욥을 쳤을 때도 욥은 겸손히 "주신 이도 여호와시요 거두신 이도 여호와시오니 여호와의 이름이 찬송을 받으실지니이다"라고 고백했다(1:21). 괴로운 중에도 하나님을 떠나거나 원망하지 않고, 다만 고난 받은 이유를 하나님께서 알려주시길 바랐다. 이 모습이 꼭 하나님을 떠난 것 같아 보이지만 전혀 그렇지 않다. 철저히 하나님을 의지했다. 고난 중에도 하나님을 의지하는 것이 지혜이며 명철이다(28:28). 그런 욥을 하나님께서 끝까지 의롭다 인정하셨다.

- 까닭 없는 고난 중에 하나님을 원망한 적이 있습니까? 그것은 하나님을 믿기 때문에 한 하소연이었습니까, 저주 섞인 말이었습니까?

## 2. 욥의 친구들은 좋은 위로자였습니까? (욥 2:11)

➜ 아닙니다. 욥의 친구들은 욥을 위로하지 않고 쓸데없는 말만 했습니다.

**해설** 욥의 친구들이 함께 울고 슬퍼할 때는 아무 일이 없었는데 친구들이 한 마디씩 거들기 시작하면서 문제가 생겼다. 사실 친구들은 욥이 고난 받은 이유가 있다고 생각했다. 그들은 욥이 자기들 몰래 죄를 지었다고 추측했다. 그러니 빨리 하나님께 회개해서 고난에서 벗어나라고 말했다. 하나님께서 의롭다한 욥을 친구들이 정죄하는 꼴이다. 욥처럼 우리 주변에도 까닭 없이 고난 받는 이들이 있다. 그러니 괜한 충고를 앞세우기보다 "우는 자들과 함께 울라"는 말씀에 순종하는 것이 낫다(롬 12:15).

- 주변에 고난 받는 친구를 위로한 적이 있습니까? 그때 친구의 반응은 어땠습니까?

## 3. 고난 받던 욥이 결국 어떻게 되었습니까? (욥 42:12)

➜ 하나님께서 마침내 욥을 회복시키셨습니다. 욥이 끝까지 믿음을 지켜 사탄의 계략은 결국 실패하고 말았습니다.

**해설** 욥이 바라던 대로 하나님께서 나타나셨다(38:1). 욥은 어떻게 의인이 고난을 당할 수 있는지, 그렇다면 하나님의 다스림에는 문제가 있고 이 세상이 무너지는 것 아닐까 궁금해했다. 이에 대해 하나님께서는 온 세상을 잘 다스리고 있으며(38-39장), 이 세계를 어지럽게 만드는 악의 세력을 결국 심판할 것이라고 말씀하셨다(40-41장). 하나님의 응답을 직접 들은 욥은 하나님을 찬양했고(42:5-6) 하나님께서 욥을 회복시켜 주셨다. 욥을 괴롭히면 그가 하나님을 배신하고 하나님의 영광을 가릴 것이라 생각한 사탄의 계략은 철저하게 실패했다.

• 까닭 없는 고난을 겪으면서 가장 간절히 바라는 것은 무엇이었습니까?

안타깝게도 욥이 고난 받은 것처럼 오늘날 하나님 백성도 마찬가
지로 이유 없는 고난을 받습니다. 그런데 욥보다 더 유리한 점이
있습니다. 욥은 자기를 대신해 줄 변호인을 알지 못해 힘들어 했
습니다. 그러나 우리는 최고의 변호인인 예수님을 알고 있습니다.
이것 때문에 고난을 넉넉히 견딜 수 있습니다. 예수님을 의지해
고난을 잘 견디길 바랍니다.

## · 한 주간 약속 ·

소그룹에서 서로 토의하여 자유롭게 만들어 봅시다.
예) 주위에 고난 받는 이들을 위해 기도하기.

## Lesson 2
# 복 있는 사람
◆

시편 1:1-6
**찬양을 드리며:** 나의 사랑하는 책(199장) / 하나님 아버지 주신 책은(202장)
**주간 약속 나누기:** 한 주간의 약속을 나누고 서로의 모습을
있는 그대로 받아 주세요.

# 마음열기

미국의 제16대 대통령인 아브라함 링컨(1809-1865)은 어릴 때 어머니에게 성경을 물려 받았습니다. 성경을 물려주면서 어머니는 이렇게 말했다고 합니다. "내 아들아! 이 성경책은 내 부모님께 받은 책이다. 내가 여러 번 읽어 많이 낡았지만 우리 집의 값진 보배이다. 내가 너에게 100에이커(12만평)의 땅을 물려주는 것보다 이 한 권의 성경책을 물려주는 것을 진심으로 기쁘게 생각한다. 너는 성경을 읽고 성경 말씀대로 살아가는 사람이 되어 다오. 하나님을 사랑하고 이웃을 사랑하는 사람이 되어 다오. 이것이 내 마지막 부탁이다."

• 내가 만약 지금 세상을 떠나게 된다면 나의 자녀들에게 무엇을 물려주고 싶으십니까?

# 성경과의 만남

알다시피 시편은 구약 시대 하나님 백성이 예배 때 사용했던 노래들을 중심으로 엮인 일종의 찬양 모음집입니다. 시편에는 아름다운 노래들이 너무나도 많은데 그중에서도 시편 1편은 특히 주목할 만합니다. 시편 1편이 시편 전체를 꿰뚫는 주제를 노래하기 때문인데, 바로 "의인의 길과 악인의 길"입니다. 하나는 반드시 따라야 할 길이고 다른 하나는 반드시 피해야 할 길입니다. 오늘이 길들을 살펴보려 합니다.

## 1. 시편이 소개하는 의인의 길이 무엇입니까? (시 1:1-3)

➜ 하나님의 말씀을 즐거워하고 주야로 묵상하는 길입니다. 이 길이 복 있는 길입니다.

**해설** 시편 1편은 먼저 부정적인 방식으로 의인의 길을 표현한다. 악인의 꾀를 따르지 않고, 그 길에 서지 않고, 그 자리에 앉지 않는 것이다. 의인의 길과 악인의 길을 분명하게 구분한다. 그렇다면 구체적으로 의인의 길은 무엇일까? 바로 하나님의 율법을 즐거워하고 그 율법을 밤낮으로 묵상하는 것이다. 바꾸어 말하면 하나님 말씀 읽는 것을 날마다 기뻐하고 밤낮으로 묵상하는 것이다. 그럴 때 시냇가에 심은 나무처럼 마르지 않고 청청하게 된다. 하나님 백성에게 형통한 길은 오직 하나님의 말씀뿐이다.

• 나는 하나님의 말씀을 가까이하고 있습니까? 하루에 얼마나
말씀을 묵상합니까?

## 2. 시편이 소개하는 악인의 길이 무엇입니까? (시 1:4-5)

➜ 하나님의 말씀을 즐거워하고 주야로 묵상하지 않는 길입니다. 이 길은
멸망의 길입니다.

**해설** 형통한 의인의 길과 달리 악인의 길은 날리는 겨처럼 형
편없다. 또 하나님께 칭찬 받는 의인들과 달리 악인들은 하나님의
심판을 견디지 못한다. 복을 받는 자리인 하나님을 예배하고 찬양
하고 말씀을 묵상하는 의인들의 자리에 들지 못한다. 무엇이 이런
차이를 만들어 냈는가? 그것은 바로 하나님의 말씀에 대한 태도
차이이다. 악인은 하나님의 말씀을 멀리하며, 읽고 듣기를 싫어한
다. 작은 차이가 건널 수 없는 큰 차이를 만들어 냈다.

• 말씀 묵상에 방해되는 것들은 무엇입니까? 그것을 어떻게 극
복할 수 있겠습니까?

### 3. 왜 의인의 길과 악인의 길이 다릅니까? (시 1:6)

➜ 왜냐하면 하나님께서 의인과 악인을 각각 판단하시기 때문입니다.

**해설** 의인들이 형통하고 악인들이 비참한 결말을 맞이하는 이유는, 하나님께서 아시고 판단하시기 때문이다. 하나님께서 누구보다 잘 아는 의인에게 복 주시고 보호하시고 인도하신다. 이것이 의인들이 누리는 형통한 인생이며 이유이다. 물론 하나님께서는 악인들도 잘 아신다. 그렇기 때문에 그들에게는 심판과 멸망이 기다리고 있다. 우리 눈에는 지금 악인들이 형통한 것 같아 보이지만, 그러나 하나님의 눈에 그들은 망하기 일보 직전에 놓인 사람들이다. 하나님 말씀을 기뻐하고 즐거워하는 우리가 복 있는 사람이다.

• 매일 하나님 말씀을 묵상하며 살아간다면 내 삶에 어떤 변화가 일어날까요?

## · 정리하기 ·

시편이 노래하는 진리는 어렵지 않습니다. 너무나도 분명합니다. 하나님의 말씀을 주야로 묵상하고 즐거워하는 의인은 복을 받고, 반대로 말씀을 멀리하는 악인은 심판 받습니다. 하나님께서 최종 판단자이심을 기억하고 그분의 말씀을 즐거워하는 것이 마땅합니다. 지금도 늦지 않았습니다. 지금 즉시 성경을 집어 들고 읽으십시오.

## · 한 주간 약속 ·

소그룹에서 서로 토의하여 자유롭게 만들어 봅시다.
예) 묵상집 《복있는 사람》으로 매일매일 묵상하기.

# 여호와는 나의 목자시니

시편 23:1-6

**찬양을 드리며:** 주는 나를 기르시는 목자(570장) / 내 평생에 가는 길(413장)

**주간 약속 나누기:** 한 주간의 약속을 나누고 서로의 모습을

있는 그대로 받아 주세요.

## 마음열기

아들을 병으로 먼저 보내고 화재로 많은 재산을 잃은 한 사람이 있었습니다. 그는 슬픔을 잊고자 가족과 함께 여행을 떠나기로 했습니다. 아내와 네 딸들을 먼저 배로 보냈고, 자기는 일을 처리한 뒤 따라가려 했습니다. 그러나 슬프게도 앞선 배가 사고로 침몰했고 아내만 구조되었습니다. 자녀들을 모두 잃은 그는 슬픈 마음에 하나님께 울분을 토했습니다. 그렇게 시간이 흐르는 중에 큰 변화가 일어났습니다. 원망이 가득했던 마음에 평안이 샘솟기 시작한 것입니다. 그때 그 감격을 시로 썼는데, 그것이 찬송가 "내 평생에 가는 길"의 가사가 되었습니다.

• 고통 중에 주님께서 주시는 평안을 경험한 적이 있습니까?

# 성경과의 만남

"여호와는 나의 목자시니"라고 시작하는 시편 23편을 가사로 한 노래가 참 많습니다. 다른 시편에 비해 시편 23편이 더 사랑받는 이유가 무엇일까요? 아마도 목동이었던 다윗이 자기 경험을 바탕으로 인간의 행복을 아름답게 노래했기 때문일 것입니다. 하나님은 최고의 목자시며, 자기는 그 품 안에 안긴 어린양과 같다고 합니다. 풍족하게 먹이고 철저하게 보호하는 목자를 따를 때 양은 행복할 수밖에 없습니다.

## 1. 다윗이 하나님을 어떻게 고백합니까? (시 23:1-3)

➜ 다윗이 하나님을 목자로, 자신을 연약하고 보잘 것 없는 양으로 고백 합니다.

**해설** 다윗처럼 위대한 왕이 하나님만 의지한다고 고백하는 것이 놀랍다. 다윗은 오직 하나님의 인도를 받을 때 부족함이 없고 행복하다고 고백한다. 하나님께서 자기 백성을 푸른 풀밭과 쉴 만한 물 가로 인도하셔서 풍족하게 먹이시고 편안하게 마시게 하신다. 일상생활의 필요를 채우신다. 더 행복한 것은 하나님께서 우리 영혼을 살리시고 의의 길로 인도하신다는 점이다. 물질로는 회복될 수 없는 영혼이 말씀으로 회복되고, 잘못된 길이 아닌 의의 길로 걸어가게 하신다. 그러니 너무나도 행복할 수밖에 없다.

• 지금 내 삶에 부족한 것은 무엇입니까? 하나님께서 채워주
시길 기도합니까?

## 2. 다윗은 자신의 인생을 어떻게 고백합니까? (시 23:4)

➜ 마치 사망의 음침한 골짜기를 다니는 것 같다고 합니다. 그러나 그때마
다 하나님께서 함께하셨다고 고백합니다.

**해설** 다윗은 사울에게 십수 년간 쫓기며 살았다. 때로는 마
음이 무너지기도 했고 두려움 때문에 잠들지도 못했다. 그러나
다윗은 절망 가운데 빠지지 않았고 자기 인생을 포기하지도 않
았다. 왜냐하면 지금 사망의 음침한 골짜기를 지나더라도 하나
님께서 여전히 보호하시고 인도하신다고 확신했기 때문이다. 여
러 위기 중에도 하나님께서 보호하셨기 때문에 그 위기들을 벗
어날 수 있었다.

• 견디기 힘든 때가 있었습니까? 그때 하나님께서 보호하신다
는 것을 기억했습니까?

## 3. 다윗이 어디에서 풍성하게 대접을 받았습니까? (시 23:5-6)

➜ 하나님의 집에 초대되어 하나님이 차려주시는 풍성한 상을 대접 받았습니다.

> **해설** 하나님께서 상다리가 휘어질 만큼 식사를 차려주시고 귀한 기름으로 환영해 주시며 최고급 포도주로 잔을 가득 채워 주신다. 하나님의 백성이 어디 가서 이런 귀한 대접을 받을 수 있을까? 오직 하나님의 집, 하나님뿐이다. 다윗은 이렇게 좋은 하나님의 집에 영원히 지내기를 사모했다(시 27:4, 36:7-9, 52:8, 61:4). 하나님의 백성이 환영받고 행복하게 지낼 수 있는 곳은 하나님의 집밖에 없다.

- 내가 가장 편안함을 느끼는 곳은 어디입니까? 그곳이 하나님의 집입니까?

## 정리하기

골리앗을 죽인 뒤 탄탄대로일 것이라 생각했지만 오히려 다윗은 사울에게 쫓기는 신세가 되고 말았습니다. 가히 사망의 음침한 골짜기를 다니는 것 같았습니다. 그러나 다윗은 하나님의 보호를 경험하며 하나님을 끝까지 의지했습니다. 하나님께서 채워주시니 부족함이 없다고 고백했습니다. 이런 진실한 고백이 담긴 노래가 바로 시편 23편입니다. 이렇게 아름다운 고백이 나 자신의 고백이 되기 바랍니다.

## 한 주간 약속

소그룹에서 서로 토의하여 자유롭게 만들어 봅시다.
예) 시편 23편 암송하기, 시편 23편을 가사로 한 노래 듣기.

## Lesson 4
# 정직한 영을 새롭게 하소서

시편 51:1-19
**찬양을 드리며:** 괴로운 인생길 가는 몸이(479장) / 오 놀라운 구세주(391장)
**주간 약속 나누기:** 한 주간의 약속을 나누고 서로의 모습을
있는 그대로 받아 주세요.

## 마음열기

1907년 1월 14일 평양 장대현교회 저녁집회 때 성령의 감동을 받은 길선주 장로가 회중 앞에서 자기 죄를 고백했습니다. "약 1년 전 내 친구가 임종 때 아내가 셈이 약하니 내게 자기 재산을 잘 처리해달라고 부탁했습니다. 나는 그에게 잘 처리할 것이라 약속했지만, 재산을 처리하다가 제법 큰돈을 사취했습니다. 나는 하나님께 범죄했습니다. 내일 아침에 그 돈을 돌려 드리겠습니다." 예기치 않은 그의 고백에 거기 모인 성도들은 놀랐고, 그때 하나님의 영이 충만하게 임했습니다. 그로부터 조선 땅 전역에 부흥운동이 일어났습니다.

• 부흥은 회개에서 출발합니다. 내가 회개하지 못하게 방해하는 무엇입니까?

# 성경과의 만남

죄를 지은 사람은 그 죄를 들키지 않으려 애를 씁니다. 그러나 하나님은 전지전능하신 분이시며 또한 공의로우신 분이기 때문에 그분 앞에서 어떤 죄도 숨길 수 없습니다. 우리는 매일 죄의 유혹 속에 살아갑니다. 그리고 때론 그 유혹에 쓰러지기도 합니다. 죄의 유혹을 받을 때, 그리고 그 유혹에 쓰러졌을 때 어떻게 해야 할까요? 오늘 다윗의 회개를 통해 그 해답을 찾아봅시다.

## 1. 다윗이 하나님께 책망 받았을 때 어떻게 반응했습니까? (시 51:3, 5)
➜ 자기 죄를 하나님 앞에 솔직하게 고백했습니다.

**해설** 나단에게 책망 받았을 때 다윗은 그것을 억지로 숨기지 않았다. 그저 인정할 수밖에 없었다. 왜냐하면 하나님께는 어떤 죄도 숨길 수 없다는 것을 깨달았기 때문이다. 그는 하나님께 자기 죄를 알며 그 죄가 떠나지 않는다고 겸손하게 고백했다. 심지어 자기가 태어나기 전부터 죄를 범했다고 고백할 정도였다. 하나님께서 말씀으로 죄를 깨닫게 하시고 책망하실 때 겸손히 죄를 고백해야 한다. 하나님 앞에 숨길 수 있는 것은 아무 것도 없다.

• 죄를 지은 후 하나님의 얼굴을 피한 적이 있습니까?

## 2. 죄를 고백한 뒤에는 어떻게 해야 합니까? (시 51:1-2)

➔ 죄를 고백한 뒤 하나님의 긍휼하심을 구해야 합니다.

**해설** 죄를 고백하고 인정하는 것은 어렵다. 처벌도 두렵고 손가락질도 두렵기 때문이다. 그러나 다윗은 용기 내어 죄를 인정했다. 그렇게 할 수 있었던 이유는 하나님께서 긍휼하신 분이심을 다윗이 알았기 때문이다. 또 하나님만이 자기 죄를 깨끗하게 하시는 분인 것을 알았기 때문이다. 다윗은 자기가 회복되는 길이 죄를 숨기고 어깃장을 놓는 것이 아니라, 긍휼이 많으신 하나님께 용서를 구하고 씻어 주시기를 요청하는 것임을 믿었다. 죄의 유혹에 넘어갔을 때 쉬운 길은 은폐와 숨김이 아니라 하나님께 하는 회개인 것을 기억해야 한다.

- 참된 구원의 기쁨을 누리기 위해 내가 회개해야 할 것은 무엇입니까?

## 3. 하나님의 긍휼하심을 구한 뒤 어떻게 해야 합니까? (시 51:12, 17)

➔ 하나님 앞에 상하고 애통하는 마음을 가져야 합니다.

**해설** 어떤 이들은 하나님께 회개하는 것을 눈물을 흘리며 잘못했다고 기도하는 정도로 오해하기도 한다. 그러나 그것은 하나님께서 요구하시는 회개와는 거리가 멀다. 하나님께서는 상한 심령의 제사를 원하신다고 하는데, 이것은 하나님께 겸손하고 순종하는 자가 드리는 진실한 예배를 뜻한다. 진실한 예배를 위해서 중독된 것을 단호하게 끊어버리고, 이웃과 형제들에게 죄를 범했다면 그에게 용서를 구해야 한다(마 5:23-24). 이것이 하나님께서 원하시는 진정한 회개이다. 진정으로 회개할 때 구원의 기쁨과 예배의 감격이 풍성하다.

• 내가 자주 넘어지는 유혹에서 승리하기 위해 필요한 것은 무엇입니까?

## 정리하기

"정결한 마음 주시옵소서"로 시작하는 노래를 다들 잘 아실 것입니다. 그 노래를 부를 때마다 가슴이 뜨거워지고 눈시울이 붉어집니다. 모든 것을 다 아시는 하나님께 죄를 고백할 수밖에 없습니다. 그러나 진실한 회개는 단순히 눈물 흘리고 시원하게 기도한 것으로 그치는 것이 아니라 끊을 것은 끊고 이웃에게 용서를 구할 것이 있다면 구해야 합니다. 이것을 꼭 기억하기 바랍니다.

## 한 주간 약속

소그룹에서 서로 토의하여 자유롭게 만들어 봅시다.
예) 대수롭지 않게 생각했던 죄들을 철저히 회개하기.

## Lesson 5
# 여호와께 감사하라

◆

시편 136:1-26
**찬양을 드리며:** 다 감사드리세(66장) / 찬송으로 보답할 수 없는(40장)
**주간 약속 나누기:** 한 주간의 약속을 나누고 서로의 모습을
있는 그대로 받아 주세요.

# 마음열기

1620년 9월 16일 잉글랜드의 항구 도시 플리머스에서 150여 명이 모였습니다. 그들은 신앙의 자유를 찾아 신대륙으로 떠나려는 자들이었습니다. 고생 끝에 넓은 바다를 건너 신대륙에 도착했습니다. 그러나 그들을 맞이한 것은 황량한 땅과 질병뿐이었습니다. 많은 이가 병에 걸려 세상을 떠나고 말았습니다. 그러나 그들은 낙심하지 않고 하나님께 예배했습니다. 이듬해 가을, 비록 적은 수확이었지만 첫 결실을 맺었고 그것으로 인해 하나님 앞에 감사 축제를 열었습니다. 이 작은 축제가 시간이 흘러 미국 최대 명절 추수감사절이 되었습니다.

• 바라던 결실을 얻었을 때 나는 가장 먼저 하나님께 감사합니까?

116

# 성경과의 만남

   1절과 마지막 구절 26절에서 "하나님께 감사하라! 그분의 인자하심이 영원하다!"라며 반복하는 시편 136편은 감사 시편으로 아주 유명합니다. 4-25절을 보면 "감사하라"가 작은 글씨로 되어 있는데, 이는 원문에 빠져있기 때문입니다. 그러나 1-3절과 26절에 나오는 "감사하라"와 연결되어 있기 때문에 "감사하라"를 포함해서 읽는 것이 좋습니다. 감사할 제목이 없다는 분들이 종종 있는데, 오늘 말씀을 통해 감사 제목을 풍성히 얻기 바랍니다.

## 1. 왜 하나님께 감사해야 합니까? (시 136:1, 5-6)

➜ 하나님께서 온 세상을 지으시고 다스리시기 때문에 감사해야 합니다.

   **해설** 만약 하나님께서 세상을 만들지 않고, 사람도 만들지 않으셨다면 우리는 존재할 수 없다. 또 하나님께서 세상을 만든 뒤 다스리지 않고 내버려두셨다면 우리는 살아남을 수 없었을 것이다. 하나님께서 질서 있게 만드시고 다스리시기 때문에 온 세상이 평화롭다. 과학 이론들과 무신론자들의 공격 때문에 창조 신앙이 흔들린다. 그러나 생각하면 할수록, 보면 볼수록 창조에 나타난 하나님의 지혜와 인자하심은 정말 크고 기이하다. 놀라운 창조에 나타난 하나님의 인자하심을 누리고 감사해야 한다.

• 하나님의 창조와 다스림이 감사 제목이 된 적이 있습니까? 어떻게 하면 하나님의 창조와 다스림을 더 느낄 수 있을까요?

## 2. 왜 하나님께 감사해야 합니까? (시 136:13-14)
➜ 하나님께서 자기 백성을 구원하셨기 때문에 감사해야 합니다.

**해설** 시인은 특별히 출애굽 사건을 말한다. 출애굽 사건은 하나님께서 자기 백성을 애굽에서 해방시키신 사건이다. 이스라엘 백성은 자기 힘으로는 도저히 애굽을 벗어날 수 없었고 오직 하나님의 능력으로 구원 받을 수 있었다. 애굽에서 나온 뒤에도 광야 길을 인도하시고 강한 나라와 왕들과 싸워 이기게 하셨다. 마침내 가나안 땅을 정복하게 되었다. 이스라엘 백성이 구원 받고 땅을 차지한 것처럼, 오늘날 하나님 백성도 예수님을 믿음으로 구원 받고 하나님 나라를 유업으로 받게 되었다. 구원에 나타난 하나님의 인자하심을 누리고 감사해야 한다.

• 최근 언제 구원의 감격을 되새겼습니까? 구원 받음으로 하나님께 감사한 적이 있습니까?

## 3. 왜 하나님께 감사해야 합니까? (시 136:23-26)

➡ 하나님께서 자기 백성을 도우시기 때문에 감사해야 합니다.

**해설** 비천한 가운데 있는 자가 하나님의 도움으로 회복된다. 대적들에게 둘러싸인 자가 하나님의 도움으로 벗어난다. 하나님께서는 역전의 명수이시다. 하나님께서 우리를 도우시니 걱정이 없다. 어려움에 처해 있는가? 하나님께 도움을 구하면 하나님께서 회복시키시고 건져 주신다. 그렇게 하나님의 도움을 체험하면서 자기만의 감사 제목들을 풍성하게 만들어 갈 수 있다. 하나님께 도움을 구하면 구할수록 감사 제목들을 얻을 것이다. 우리를 도우시는 하나님의 인자하심을 누리고 감사해야 한다.

• 하나님의 도움으로 위기를 벗어난 적이 있습니까? 그것으로 하나님께 감사했습니까?

## • 정리하기 •

온 세상을 다스리시고 자기 백성을 구원하시고 도우시는 하나님께 감사하며 찬양할 수밖에 없습니다. 이렇게 시편 136편이 알려주는 감사 제목이 명쾌합니다. 이제 시편 136편을 읽고 묵상했으니 더 이상 감사할 제목이 없다고 핑계를 댈 수가 없게 되었습니다. 시편 136편에 따라 하나님께 감사하십시오. 그렇게 감사하다 보면 감사할 제목들이 더욱더 늘어날 것입니다.

## • 한 주간 약속 •

소그룹에서 서로 토의하여 자유롭게 만들어 봅시다.
예) 응답 받은 기도 제목들로 감사 제목 만들어 보기.

Lesson 6

# 여호와를 경외하는 것이

◆

잠언 9:1-18

**찬양을 드리며:** 하나님 아버지 주신 책은(202장) / 내 영혼이 은총 입어(438장)

**주간 약속 나누기:** 한 주간의 약속을 나누고 서로의 모습을
있는 그대로 받아 주세요.

## 마음열기

'동가식서가숙'이라는 말이 있습니다. 혼기를 넘긴 딸로 걱정
하는 아버지가 있었습니다. 어느 날 동시에 두 곳에서 청혼이 들
어왔습니다. 두 집 모두 장단점이 있다 보니 아버지가 고민했습니
다. 그러다가 딸에게 직접 물었습니다. "서쪽 집 신랑은 힘이 항우
장사 같아서 건강은 좋으나 집안이 가난하고, 동쪽 집 신랑은 돈
은 많지만 건강이 약하니 어느 쪽이 좋겠느냐?" 그러자 딸이 웃
으며 "아버지 그렇다면 잠은 서쪽 집에서 자고 먹는 것은 동쪽 집
에서 먹으면 되겠네요!"라고 대답했다고 합니다. 그래서 나온 말
이 '동가식서가숙'입니다.

- 나는 어떤 기준으로 선택합니까? 그 선택이 지혜롭다고 생
  각합니까?

# 성경과의 만남

잠언은 지혜를 담은 것으로 크게 알려진 성경입니다. 총 31장이니 하루에 한 장씩 매달마다 통째로 읽기도 했습니다. 잠언의 목적은 "어리석은 자를 슬기롭게 하며 젊은 자에게 지식과 근신함을 주기 위한 것"입니다(1:4). 젊은이들이 어른들의 실수를 되풀이하지 말고 행복하게 살기를 바라며 지혜들을 엮었습니다. 하나님의 백성도 행복하게 살기 위해 지혜가 필요합니다. 잠언은 때때로 세상의 지혜와 비슷해 보이는 것도 언급하지만 그 근원에 하나님이 계시다고 말합니다. 오늘 말씀에서 지혜로운 삶의 원리를 살펴봅시다.

## 1. 성경은 어떤 삶이 풍족한 삶이라고 말합니까? (잠 9:1-6)

➜ 지혜로운 삶이 풍족한 삶이라고 말합니다.

**해설** 지혜로운 여인이 성중 높은 곳에서 젊은이들을 초대한다. 이 여인이 준비한 것들이 대단한데 맛 좋은 고기와 고급 포도주가 준비되어 있다. 이것은 지혜로운 삶을 비유로 표현한 것이다. 이처럼 지혜가 삶을 풍족하게 하고 생명을 준다. 다행히 지혜는 타고난 사람에게 있는 것이 아니다. 어리석은 자, 지혜 없는 자에게도 지혜가 초청한다는 것을 주목해야 한다. 지혜를 구하고 훈련한다면 행복하고 풍요로운 삶을 살 수 있다.

• 나는 지혜롭다는 말을 듣습니까? 내가 지혜롭다고 생각하는 사람은 누구입니까?

## 2. 지혜로운 삶과 대비되는 삶이 무엇입니까? 또 그 결과는 어떻습니까? (잠 9:13-18)

➜ 지혜 없는 삶은 어리석은 삶이며 그 결과는 멸망입니다.

**해설** 어리석은 여인은 아무것도 알지 못하지만 지혜로운 체한다. 그러나 성중 높은 곳에 앉지 못하고 겨우 집 문에 앉고, 지나가는 사람들을 부르고 초대하는데 그 식탁에는 도둑질한 물과 몰래 먹는 떡만 있다. 잠언에서는 특별히 음란과 악행을 어리석다고 평가한다(5-7장). 탈법이나 불법을 저질러 부당한 이익을 얻는 것을 두고 지혜롭다고 말하는 이들이 있다. 그러나 실제로 그것은 지혜롭지도 않고 하나님 보시기에는 악하다. 결국 그들은 멸망하고 만다.

• 어리석은 일에 빠져서 다른 사람의 훈계를 듣지 않은 적이 있습니까?

123

### 3. 성경은 어떻게 하면 지혜를 얻을 수 있다고 합니까? (잠 9:10)

➜ 성경은 여호와를 경외함으로 지혜를 얻는다고 말합니다.

**해설** 어리석은 삶과 지혜로운 삶을 구분하는 것이 바로 "하나님을 경외하는 것"이다. 왜냐하면 하나님께서 세상을 창조하시고 다스리시기 때문이다. 하나님의 질서와 원리대로 살 때 지혜로운 삶을 살 수 있다. 잠언에 담긴 몇 가지 질서와 원리를 소개하자면, 먼저 교만한 자는 심판을 피하지 못하고 겸손한 자는 세워질 것이다(18:12). 또 훈계와 징계를 멀리하는 이들은 어리석고 심판을 피하지 못한다(10:17). 악한 말을 하는 것을 피해야 한다(12:18). 어떤 원리는 세상의 지혜와 비슷해 보이는데, 이는 하나님께서 창조 질서로 세우셨기 때문에 그렇다.

• 지혜로운 행동을 통해 일이 잘 풀린 적이 있으십니까?

성경은 풍족한 삶을 위해 지혜가 필요하다고 말하며, 지혜를 얻기 위해서 여호와를 경외해야 한다고 말합니다. 세상의 지혜와 달리 잠언이 말하는 지혜의 원천과 기준이 그렇습니다. 무엇을 구하고 있습니까? 멸망의 길을 피하고 행복의 길 곧 지혜를 구하십시오. 하나님께서 세우신 원리를 따를 때 지혜로운 삶, 행복한 삶을 살 수 있습니다.

◦ 한 주간 약속 ◦

소그룹에서 서로 토의하여 자유롭게 만들어 봅시다.
예) 겸손히 말하고 행동하기.

# 너의 창조주를 기억하라

◆

전도서 12:1-14

**찬양을 드리며:** 겸손히 주를 섬길 때(212장) / 나는 예수 따라가는(349장)

**주간 약속 나누기:** 한 주간의 약속을 나누고 서로의 모습을
있는 그대로 받아 주세요.

## 마음열기

126

"나는 죽어서 단지 한 줌의 흙이고 싶지는 않다." 이 말은 "신은 죽었다."라는 명언으로 유명한 독일의 철학자 프리드리히 니체가 죽기 전 남긴 말입니다. 이 유언의 의미를 두고 여러 추측이 있습니다. 어떤 이는 "이것은 하나님의 살아계심을 인정하는 니체의 고백이다."라고 추측하는데, 그것보다는 죽음에 직면한 니체의 절규로 보는 것이 합당합니다. 니체는 인간 실존을 두고 평생을 고민했습니다. 하지만 뜻밖의 것으로 그는 절망했습니다. 바로 죽음입니다. 살아있는 모두가 언젠가 죽을 것이라는 사실을 극복할 수 없었기 때문입니다.

• 나는 죽음에 대해 얼마나 진중하게 생각하며 살아갑니까?

# 성경과의 만남

전도서는 솔로몬이 쓴 것으로 알려져 있습니다(1:1). 그러나 그는 왕으로서 전도서를 쓴 것이 아니라 인생의 경험이 풍부하고 깊이 묵상한 지혜자로서 썼습니다. 특별히 하나님의 백성으로서 어떻게 사는 것이 의미 있는 삶인지를 젊은이들에게 교훈하고자 썼습니다. 하나님 없는 삶의 허무함과 하나님과 함께하는 삶의 즐거움을 대조합니다. 오늘날 사회는 전에 없을 만큼 기술 문명이 발전하고 물질로도 풍요롭지만, 인생의 공허함을 느끼고 우울감을 느끼는 사람들이 많아지고 있습니다. 이때 전도서 말씀은 우리에게 큰 울림을 전달합니다.

## 1. 전도자는 인생에서 무엇을 꼭 깨달아야 한다고 합니까? (전 12:8)

➜ 모든 인생이 언젠가는 노쇠하고 죽는다는 것을 깨달아야 합니다.

**해설** 노쇠함과 죽음의 허무함은 모든 인생에서 발견된다. 젊은 시절에는 육신이 강건했지만 나이가 들면서 머리가 희끗희끗해지기 시작한다. 눈과 귀는 어두워지고, 목소리도 쉽게 상한다. 허리가 아파 무거운 것을 들지 못하고, 맛있는 것을 먹는 것조차 힘들어진다. 이렇게 노쇠한 것으로 끝나지 않고 죽음을 맞이한다. 육신은 흙으로, 호흡은 하나님께로 돌아가고 이 땅에서는 조문객의 방문만 남는다. 모든 인생이 이렇게 곤고한 날을 맞이한다(12:1).

- 죽을 뻔한 경험이 있습니까? 아니면 가까운 지인이 갑작스레 세상을 떠난 적이 있습니까? 그때 마음이 어땠습니까?

## 2. 그렇다면 늘 죽음을 의식해 허무함 속에 살아야 할까요? (전 12:1-2)
➜ 전도자는 청년의 때에 창조주를 기억하고 인생을 즐겁게 누려야 한다고 말합니다.

**해설** 전도자는 아직 곤고한 날이 이르지 않은 사람들에게 "창조주를 기억하라"고 권면한다. '청년'은 육신이 젊은 사람을 뜻하지만, 사실 죽음이 이르지 않은 사람이 다 해당된다. 이 구절을 죽기 전에 빨리 하나님을 알고 예수님을 믿어 영생을 얻어야 한다는 뜻으로 이해하기도 한다. 심지어 세상을 떠나 수도원으로 들어가 기도와 수도 생활에 전념하기도 한다. 그러나 전도자가 강조하는 것은 허무함이 다가올 것을 미리 깨닫고 늦기 전에 창조주께서 주신 인생을 즐겁게 누리라는 것이다. 창조주를 기억하는 이들의 인생은 허무한 인생이 아니라 즐거운 인생이다.

- 창조주를 기억해 허무한 인생에서 값진 인생으로 변화된 때가 언제입니까?

## 3. 인생을 즐기는 것은 어떤 인생입니까? (전 12:13-14)

➜ 하나님의 뜻대로 살 때 인생을 제대로 즐길 수 있습니다.

**해설** "인생을 즐겁게 누려라"는 권면을, 한때 유행했던 카드 광고 노래처럼 "인생을 즐겨라"는 것으로 이해해선 안 된다. 음주 가무, 사치, 미식, 성적 쾌락, 향락 같은 세상이 말하는 인생의 즐 거움은 하나님께서 원하시는 인생의 즐거움과 거리가 멀다. 올바 르게 인생을 즐기는 것은 창조주 하나님을 경외하면서 사는 것이 다. 구체적으로는 먼저, 하나님께서 창조하신 세계를 누리고 가꾸 는 삶이다. 또 하나님께서 창조하신 이웃들을 도우며 사랑하는 삶 이다. 하나님의 말씀을 날마다 묵상하며 그분을 찬송하는 삶이다. 허무한 인생이 값진 인생이 되는 소식을 전하는 삶이다.

• 인생의 허무함을 느끼는 구역원에게 어떤 말로 위로할 수 있 을까요?

어떤 사람은 일찍부터 죽음을 의식해 회의적으로, 허무함만 느끼며 살기도 합니다. 그러나 창조주 하나님을 기억하는 사람은 죽음을 의식해도 허무하지 않습니다. 오히려 하나님께로 가기 전까지 남은 인생을 허비하지 않고 즐겁게 누리며 살 수 있습니다. 남은 인생을 어떻게 사시렵니까? 아직 늦지 않았습니다. 지금부터라도 창조주 하나님을 경외하며 살아가면 됩니다.

## • 한 주간 약속 •

소그룹에서 서로 토의하여 자유롭게 만들어 봅시다.
예) 하나님께서 주신 인생을 즐기는 방법을 작성한 뒤 즐기기.

Lesson 8

# 죽음보다 강한 사랑

◆

아가 8:5-7

**찬양을 드리며:** 그 크신 하나님의 사랑(304장) / 아 하나님의 은혜로(310장)
**주간 약속 나누기:** 한 주간의 약속을 나누고 서로의 모습을
있는 그대로 받아 주세요.

## 마음열기

어느 고급 식당 한쪽에 아름다운 중년 여인이 홀로 식사하고 있었습니다. 건너편 식탁에는 한 멋진 중년 남성이 있었는데, 웨이터를 통해 그 여인에게 쪽지를 전달합니다. 여인이 쪽지를 읽자 남성이 그 식탁으로 가서 함께 식사를 했습니다. 식사를 마친 뒤 두 사람은 팔짱을 끼고 식당을 나섰습니다. 그 모습을 보던 한 손님이 주인에게 웃으며 물었습니다. "이런 고급 식당에도 저런 일이 있나요?" "그럼요! 게다가 저는 26년째 보고 있는 걸요." "26년이요?" "네. 사실 저 두 분은 부부세요. 결혼기념일마다 처음 만났던 때를 저렇게 추억한답니다."

• 하나님께서 맺어주신 배우자를 깊이 사랑하고 있습니까?

# 성경과의 만남

흔히 아가서를 솔로몬과 술람미 여인의 사랑 이야기나 그리스도와 교회의 관계를 비유적으로 표현하는 이야기 정도로 알고 있습니다. 그러나 아가서는 남녀 간의 사랑, 특별히 하나님께서 허락하신 부부간의 뜨거운 사랑을 노래하는 말씀입니다. 누군가는 창세기 2:23-25에 대한 아름다운 해설이라고 평가하는데 참 옳습니다. 오늘날 세상 속에는 왜곡된 성과 사랑의 모습이 가득합니다. 이런 세상 속에서도 흔들리지 않고 하나님께서 원하시는 올바른 사랑의 모습을 깨닫는 데 아가서는 아주 유익합니다. 오늘 말씀을 통해 진실한 사랑의 모습을 살펴봅시다.

## 1. 신랑과 신부의 사랑이 뜨겁습니다. 신부가 신랑에 대한 사랑을 어떻게 고백합니까? (아 8:1-4)

➜ 신부는 신랑을 향한 자신의 사랑을 무척이나 표현하고, 자랑하고 싶어 합니다. 오누이였다면 밖에서도 자유롭게 입을 맞출 수 있을 텐데 그러지 못해 아쉬워합니다.

**해설** 그러나 신부는 포기하지 않고 신랑을 가장 은밀한 곳, 자신에게 사랑을 가르쳐주셨던 '어머니의 집'으로 데리고 간다 (2). 어머니가 사랑의 열매로 자신을 잉태했던 곳이다. 거기서 신부는 향기로운 술이나 석류즙으로 표현된 자신이 준비한 모든 사랑을 신랑에게 준다. 이것은 부부간에 육체로 사랑을 나누는 모습을 아름답게 표현한 것이다. 두 사람의 사랑은 절정에 이르렀고 두 사람은 온전한 사랑으로 한 몸을 이루었다(3). 이렇게 얼굴이 붉어질 만큼 성경은 부부간의 사랑을 적나라하게 표현한다. 하지만 부부간의 사랑은 은밀한 것도 아니고 음란한 것도 아니다. 왜곡된 세상의 사랑이 정당한 사랑마저 부끄러운 것으로 생각하게 만들었다. 하지만 부부간의 사랑은 하나님께서 허락하신 사랑이요 기쁨이다.

아쉽지만 이처럼 격정적이고 헌신적인 사랑은 준비되기 전에 함부로 깨워서는 안 된다. 4절은 신부가 어린 소녀들에게 전하는 교훈이다. 책임질 수 있는 사이에서만 이 육체적인 사랑을 나눌 수 있다. 이것은 하나님께서 정하신 원리이다. 이런 사랑에 대한 태도는 세상과 다르기 때문에 조롱당하기 일쑤이고 흔들리기 마련이다. 그렇기 때문에 하나님께서 가르치신 부부간 사랑을 잘 지키고 자녀들에게 잘 전수해야 한다.

• 열렬히 배우자를 사랑하고 있습니까? 그 모습을 자녀들에게
  도 보여주고 있습니까?

## 2. 잘 간직하고 전수해야 할 부부간의 사랑이 무엇입니까? (아 8:6-7)

➜ 서로를 위해 아낌없이 내어주는 헌신적인 사랑입니다.

**해설** 하나가 된 부부를 도장을 찍은 것처럼 끈끈하게 붙은 모습으로 표현한다. 이 사랑이 죽음같이 강하다. 또 상대방의 사랑이 얼마나 열렬한지 질투가 스올같이 집요하고 타오르는 불길 같다. 심지어 모든 것을 다 태우는 하나님의 불같이 강하다고 할 정도이다. 부부가 처음 열렬히 사랑했던 때를 떠올리면 이해할 수 있다. 그때는 상대방을 위해 시간을 내고 물질을 쓰는 것을 즐거워했다. 상대방을 위해 하늘의 달과 별도 따다 줄 만큼 헌신적이었다. 이처럼 하나님께서 원하시는 부부간의 참된 사랑은 열렬히 사랑하고 온전히 헌신하는 것이다.

성경에서는 하나님께서 자기 백성을 도장 찍은 듯이 강하게 사랑한다고 표현한다. 그러나 요즘 세상에서는 다른 의미로 도장을 찍는다고 표현한다. 바로 이혼이다. 하나님께서 한 몸으로 만드셨고 그 누구도 떼어 놓을 수 없다고 했지만(마 19:6), 연약한 인간이 그 말씀을 따르지 못하고 있다. 이런 아픔을 자녀들이 겪도록 두어서는 안 된다. 이를 위해서 몸만 준비할 것이 아니라 사랑하는 이를 위해 온전히 헌신할 것도 함께 가르쳐야 한다.

• 사랑을 위해 육체뿐만 아니라 온전한 헌신도 준비할 것을 자녀들에게 가르치고 있습니까?

134

성경은 합당한 부부간의 열렬한 사랑이 큰 즐거움을 준다고 합니다. 이 세상의 왜곡된 사랑으로부터 하나님께서 정하신 아름다운 사랑을 잘 간직하고 가르쳐야 합니다. 특별히 자녀들에게 육체적인 사랑은 책임질 수 있을 때 깨워야 하고, 서로를 위해 내어주는 헌신적인 사랑을 가꾸도록 가르쳐야 합니다. 이런 사랑을 잘 간직하고 전수해야 하겠습니다.

## 한 주간 약속

소그룹에서 서로 토의하여 자유롭게 만들어 봅시다.
예) 일주일 동안 배우자에게 매일 사랑한다고 고백하기.

# 4단원

# 예수님의
# 생애

예수님은 이 땅에서 많은 사역을 행하셨습니다. 예수님은 죽은 자를 살리시고 수많은 병자를 고치셨을 뿐만 아니라 사람들에게 복음을 전파하시며 하나님 나라를 가르치셨습니다. 마침내 십자가에 달려 죽으셨으나 삼일 만에 부활하시고 승천하시며 다시 오실 것을 약속하셨습니다. 이러한 예수님의 생애를 통하여 우리는 복음의 핵심이 무엇인지를 알 수 있습니다. 이 과정을 통해 내가 믿는 분은 어떤 분인지, 또 전할 복음의 내용은 무엇인지 깨닫기 바랍니다.

# 이 땅에 오신 예수님

마태복음 1:18-25
**찬양을 드리며:** 하나님의 아들이(137장) / 내 진정 사모하는(88장)
**주간 약속 나누기:** 한 주간의 약속을 나누고 서로의 모습을
있는 그대로 받아 주세요.

## 마음열기

이용규 선교사님은 안락한 미래를 내려놓고 선교사로 헌신했습니다. 모두가 유수한 대학에서 안정된 교수직을 맡을 것이라 생각했지만 그는 몽골국제대학교의 교수로 섬겼고, 이레교회를 섬겼습니다. 지금은 인도네시아에서 사역하고 있습니다. 그가 몽골에 있을 때 일입니다. 어떤 교회 목사님과 장로님들이 방문했습니다. 선교사님이 강의를 마치고 나오다가 한 장로님과 마주쳤습니다. 그분이 선교사님에게 물었습니다. "정말 하버드 나왔수?" "… 예." "근데 왜 이딴 대학에 있는지 모르겠네."

• 나는 예수님이 이 땅에 오신 이유를 얼마나 이해하고 있습니까?

# 성경과의 만남

하나님의 대리 통치자였던 아담과 하와는 간교한 뱀의 유혹에 넘어가 금지된 열매를 먹음으로, 하나님과의 관계가 깨어졌습니다. 그러나 하나님께서는 그들을 불쌍히 여기셔서 다시금 회복의 약속을 주셨습니다(창 3:15). 많은 하나님의 백성은 그 약속이 이루어지기를 기다렸습니다. 오랜 시간이 흘러 마침내 하나님의 아들 예수님께서 육신을 입으시고 이 땅에 오심으로 약속이 이루어졌습니다. 하나님의 아들 예수님께서는 성령으로 잉태되어 태어나셨습니다. 백성을 죄에서부터 구원하시는 분이시며, 또한 그 백성과 영원히 함께하시는 분이십니다.

## 1. 보통 사람과 달리 예수님은 어떻게 태어나셨습니까? (마 1:18-20)

➔ 보통 사람과 달리 예수님은 성령의 능력으로 태어나셨습니다.

**해설** 예수님의 탄생 장면이 참 놀랍다. 일반적인 출생 방법이 아니라 성령의 능력으로 태어나셨다. 이미 선포된 하나님의 말씀에 따라 이루어졌다(사 7:14). 하나님의 아들이신 예수님께서 인간의 몸을 입는다는 것 자체가 낮아지는 것이고 고통이다. 그러나 아버지 하나님의 영광과 자기 백성을 구원하기 위해 그 고통을 기꺼이 받으셨다. 예수님께서는 성령의 능력으로 잉태되어 태어나셨기 때문에 죄로부터 자유로우시다. 더불어 태아에서부터 노년에 이르는 모든 인간을 포함하여 구원하실 수 있다.

• 예수님께서 성령으로 태어나심은 내게 어떤 의미입니까?

## 2. 예수님께서 이 땅에 오신 이유가 무엇입니까? (마 1:21)
➜ 예수님께서 우리를 죄에서 구원하기 위해 오셨습니다.

**해설** 마태복음 말씀은 예수님의 이름을 "자기 백성을 그들의 죄에서 구원할 자"라고 설명한다. 이 이름은 구약 시대 호세아, 여호수아라는 이름이기도 하며 당대에 널리 사용된 이름이기도 하다. 그러나 같은 이름이라 해도 능력과 하는 일에서는 비교할 수 없다. 오직 예수님만이 그를 믿는 백성을 죄에서 구원하실 수 있다. 예수님 외에 다른 방법으로는 죄 문제를 해결할 수 없고, 하나님께 나아갈 수 없다(요 14:6).

• 예수님을 믿음으로 죄 문제를 해결했습니까?

**3. 이사야 선지자가 예수님 탄생을 예언하면서 그 이름을 무엇이라 부릅니까? (마 1:23)**

➜ 임마누엘이라 부릅니다. 이것은 "하나님이 우리와 함께 계시다"라는 뜻입니다.

**해설** 하나님의 아들 예수님께서 인간의 몸을 입고 백성과 함께 계셨다. 백성을 먹이시고 가르치시고 회복시키셨다. 또 백성을 죄에서 구원하셔서 하나님께로 인도하셨다. 예수님 덕분에 우리가 하나님과 함께할 수 있게 되었다. 그렇다면 지금은 어떤가? 예수님께서 승천하여 멀리 떠나계시지 않는가? 비록 몸으로는 떨어져 있지만 성령님의 능력으로 우리가 예수님과 연합되어 있다. 부활하신 뒤 제자들에게 세상 끝날까지 함께하시겠다는 약속의 뜻이 그것이다(마 28:20).

• 언제 예수님의 함께하심을 가장 많이 느낍니까?

## 정리하기

예수님께서 태어나신 장면을 보면 그저 놀라고 감탄할 수밖에 없습니다. 성령님의 능력으로 보통 사람과 다르게 태어나셨습니다. 그렇기 때문에 자기 백성을 죄에서 구원하실 수 있었습니다. 또 자기 백성과 함께하셔서 악한 세력들로부터 보호하시고 끝날까지 인도하십니다. 이 땅에 오신 예수님을 찬양합시다!

## 한 주간 약속

소그룹에서 서로 토의하여 자유롭게 만들어 봅시다.
예) 예수님과 그 이름의 뜻을 기억하며 사도신경 고백하기.

## Lesson 2
# 제자를 부르신 예수님

◆

마가복음 1:16-20

**찬양을 드리며:** 누가 주를 따라(459장) / 어디든지 예수 나를 이끌면(440장)
**주간 약속 나누기:** 한 주간의 약속을 나누고 서로의 모습을
있는 그대로 받아 주세요.

# 마음열기

소설 『반지의 제왕』에는 수많은 인물들이 등장합니다. 그러나 가장 중요한 임무인 반지를 없애는 임무를 받은 자는 보잘 것 없는 호빗족 프로도입니다. 나약한 프로도는 계속 찔리고 상처를 입습니다. 나즈굴의 칼에, 흉측한 괴물의 창에, 거대한 식인 거미에 잡히기도 합니다. 그럼에도 프로도가 받은 사명이 중요하기 때문에 여전히 중요한 사람이었고, 뛰어난 동료들이 임무를 잘 완수하도록 돕습니다. 단지 그가 받은 임무가 너무나도 중요하기 때문입니다. 이 이유만으로 그는 가장 중요한 존재가 되었습니다.

• 주님께서 나를 부르신 이유는 무엇입니까?

# 성경과의 만남

예수님께서 사역을 시작하시면서 하나님 나라가 가까이 왔다고 선포하셨습니다. 이렇게 놀라운 말씀을 듣고 많은 사람이 예수님을 따랐습니다. 예수님께서는 사역을 위해 함께할 제자들을 부르셨습니다. 많이 배운 사람, 지위가 높은 사람, 재산이 많은 사람, 잘난 사람을 찾지 않으시고 자신의 기쁘신 뜻에 따라 부르셨습니다. 부름 받은 이들은 자신의 것들을 전부 내려놓고, 심지어 가족으로부터 떨어져 예수님을 따랐습니다. 지금도 예수님께서는 함께 하나님 나라를 선포할 제자들을 부르고 계십니다.

**1. 예수님께서 사역을 시작하시면서 누구를 부르셨습니까? (막 1:16-17)**
➜ 예수님께서 하나님 나라를 선포할 제자들을 부르십니다.

**해설** 예수님은 먼저 갈릴리에서 활동하셨는데, 그곳은 대규모 어업이 활성화된 곳이었다. 예수님은 어부 베드로, 안드레, 야고보, 요한을 부르셨다. 우리 생각에는 하나님 나라를 전하는데 조금이라도 유리한 자를 제자로 부르는 것이 좋을 것 같은데 예수님께서는 어부들을 부르셨다. 이처럼 세상이 보기에 유능한 자가 예수님의 제자가 되는 것이 아니라 예수님께 부름 받은 자가 제자가 된다. 내가 선택하는 것이 아니라 전적으로 예수님께 달려 있다.

• 내 꿈을 이루기 위해 예수님을 선택하지는 않았습니까?

## 2. 부름 받은 베드로와 제자들이 어떻게 행동했습니까? (막 1:18, 20)

➜ 그들이 즉각 순종해 예수님을 따라 제자가 되었습니다.

**해설** 꼭 왕의 음성처럼 예수님의 말씀이 권위 있다. 부름을 들은 베드로와 안드레가 즉시 그물을 버려두고 예수님을 따랐다. 그물을 내려두었다는 것은 생업, 삶의 터전을 모두 내려두었다는 뜻이다. 이어 가는 길에 세베대의 아들 야고보와 요한을 보셨고, 그들도 부르시니 야고보와 요한 역시 예수님을 따랐다. 그들은 생업과 삶의 터전뿐만 아니라 아버지까지 내려놓고 떠났다. 다시 말해 자기가 쥐고 있던 모든 것을 내려놓고 오직 예수님만 붙잡았다는 뜻이다. 자기가 가진 모든 것을 내려놓고 주님만 전적으로 의지하는 자가 바로 예수님의 제자이다.

• 주님의 제자가 되기 위해 내가 내려놓아야 할 것은 무엇입니까?

## 3. 예수님께 부름 받은 제자가 받은 사명은 무엇입니까?
### (막 1:17, 3:14-15)

➜ 제자들로 하여금 하나님 나라를 선포하게 하셨습니다.

**해설** 예수님께서 베드로와 안드레를 부르시면서 그들에게 "사람을 낚는 어부가 되게 하리라"고 하셨다. 이것의 의미는 3장 말씀에서 더 분명하게 나타난다. "전도도 하며 귀신을 내쫓는 권능도 가지게 하려 하심이라." 다른 일을 위해 제자들을 부르신 것이 아니라 하나님 나라를 전하기 위해 부르셨다. 제자들이 방방곡곡을 다니면서 복음을 선포할 때 악의 세력이 떠나가고 하나님 나라가 임하게 되었다. 이후 베드로의 복음 선포를 통해 수천 명이 회개하는 놀라운 역사가 일어났다(행 2:41, 4:4). 또 사도들 위에 세워진 교회를 통해 하나님 나라가 확장되고 있다.

• 하나님 나라가 임하길 기도하고, 선포하고 있습니까?

예수님께서 자기 백성을 죄에서 구원하실 뿐만 아니라 제자로 부르셔서 위대한 사명도 주십니다. 이전에는 쓸모없는 존재였는데 예수님께 귀한 사명을 받은 존귀한 제자가 된 것입니다. 우리가 제자로 부름 받았으니 이제 무엇을 해야겠습니까? 앞서서 부름 받은 제자들처럼 우리의 것을 내려놓고 오직 예수님만 의지하여 하나님 나라를 전해야 합니다.

· 한 주간 약속 ·

소그룹에서 서로 토의하여 자유롭게 만들어 봅시다.
예) 하나님 나라를 전할 한 영혼을 정해 기도하고 그를 찾아가기.

# 사역을 시작하신 예수님

◆

마가복음 1:21-39

**찬양을 드리며:** 예수님은 누구신가(96장) / 주 예수 넓은 사랑(497장)
**주간 약속 나누기:** 한 주간의 약속을 나누고 서로의 모습을
있는 그대로 받아 주세요.

# 마음열기

　　문흥수 변호사는 사법연수원에 다니는 동안 십자가의 의미를 깨닫고 이후 이른 새벽부터 엎드려 기도했습니다. 기도하면 꼭 독수리가 날개를 치며 창공을 날아오르듯 그도 상승기류 가운데 하루 종일 살 수 있었습니다. 밤새 공부하는 것보다 기도한 뒤 한 시간 공부하는 것이 서너 배 공부가 되는 것 같았습니다. 그렇게 공부한 덕택에 사법연수원 수료시험에서 가장 좋은 점수를 얻었습니다. "철 연장이 무디어졌는데도 날을 갈지 아니하면 힘이 더 드느니라…"(전 10:10). 그는 새벽기도 시간이야 말로 철 연장 날을 가는 시간이라고 생각했습니다.

　　• 나는 아침에 일어나서 제일 먼저 하는 일은 무엇입니까?

# 성경과의 만남

제자들을 부르신 뒤 예수님의 사역이 본격적으로 시작되었습니다. 악한 세력에 눌림을 받는 이들을 해방시켜셨고, 병들어 아파하는 이들을 회복시켜주셨습니다. 안식일에는 사람들이 모인 회당에 가셔서 하나님 나라 복음을 가르치셨습니다. 겉으로 보기에 가르치는 서기관과 같아 보이지만 실상 아주 큰 차이가 났습니다. 예수님께서는 하나님 나라 복음을 전하는 바쁜 사역 중에도 기도하는 것을 놓지 않으셨습니다. 새벽이 되면 홀로 자리를 잡고선 하나님 아버지와 교제를 나누셨습니다. 이 교제를 통해 예수님은 사역할 능력을 공급받았습니다.

## 1. 예수님께서 사람들에게 무엇을 가르치셨습니까? (막 1:21-22)

➜ 예수님께서 사람들에게 하나님 나라를 가르치셨습니다.

**해설** "하나님의 나라가 가까이 왔으니 회개하고 복음을 믿어라!" 예수님의 첫 일성이다(막 1:15). 예수님의 모든 사역과 가르침의 초점은 하나님 나라에 맞춰져 있다. 예수님 당시에는 안식일에 사람들이 회당에 모여 서기관들이 해설하는 가르침을 들었는데, 예수님께서도 회당에서 가르치셨다. 하나님의 아들이 직접 하나님 나라를 가르치시니 그 내용과 권위가 서기관들과는 비교가 되지 않았다. 예수님께 하나님 나라의 가르침을 배울 수밖에 없다. 오늘날에는 그 가르침이 담긴 성경과 교리를 통해 하나님 나라를 배울 수 있다.

• 나는 하나님 나라를 얼마나 알고 기대합니까?

## 2. 예수님의 사역 중 빼놓을 수 없는 사역이 무엇입니까?
### (막 1:25-26, 39)
➜ 예수님께서 귀신을 내쫓는 사역입니다. 이것은 하나님 나라가 임했다는 것을 분명하게 보여주는 사역입니다.

**해설** 성경에 나오는 귀신은 흔히 생각하는, 사람이 죽은 뒤 영혼이 저승으로 가지 못하고 이 땅을 떠도는 그런 귀신이 아니다. 하나님을 반대하는 사탄과 그에 속한 악한 세력들을 가리킨다. 그들은 하나님 나라가 임하고 확장되는 것을 반대한다. 문제는 이 악한 영들이 사람에게 임해 괴롭히고 심지어 파괴하는 데 이른다는 점이다. 하나님의 아들 예수님께서 그런 억눌리고 괴로운 사람을 해방시키신다. 예수님께서 선포하는 하나님 나라의 복음은 자유와 해방의 복음이다.

• 나는 복음을 통해 억눌렸던 것에서 벗어난 경험이 있습니까?

## 3. 이렇게 바쁜 중에도 예수님은 무엇을 놓지 않으셨습니까? (막 1:35)

➜ 예수님께서는 바쁜 중에도 하나님께 기도하셨습니다.

**해설** 예수님은 오천 명을 먹이신 뒤에도, 잡히시기 전에도 기도하셨다. 남들 앞에 보이도록 기도한 것이 아니라 아무도 없는 조용한 곳에 가셔서 온전히 아버지 하나님께만 집중하셨다. 왜 예수님께서 이렇게 하셨을까? 그 이유는 예수님께서 아버지 하나님과 나누는 교제를 기뻐하셨기 때문이고, 기도를 통해 하나님 나라를 전할 힘과 능력을 공급받기 때문이다. 하나님의 아들이신 예수님께서도 그렇게 하시니 우리는 더욱더 기도해야 한다. 하나님 나라의 일을 할 때는 우리 혈과 육의 능력이 아니라, 기도로 공급받는 하나님의 능력으로 해야 한다.

- 나는 하루에 얼마 동안 기도합니까? 더 시간을 낼 수 없습니까?

## ◦ 정리하기 ◦

일평생 예수님은 하나님 나라를 위해 사셨습니다. 하나님 나라를 가르치셨고, 하나님 나라가 임하도록 사역하셨습니다. 그렇게 바쁜 중에도 기도를 놓지 않으셨습니다. 예수님께 부름 받은 제자로서 우리도 하나님 나라를 위해 살아야 합니다. 하나님 나라를 배우고 전해야 할 것입니다. 이 일을 위해 하나님께 더욱 기도해야 합니다. 새벽 시간이 좋은데, 만일 어렵다면 구체적으로 시간을 내어 기도하십시오.

## ◦ 한 주간 약속 ◦

소그룹에서 서로 토의하여 자유롭게 만들어 봅시다.
예) 매일 아침마다 하나님 나라가 임하기를 기도하기.

Lesson 4
# 사람들을 고치신 예수님

◆

마가복음 5:21-43
**찬양을 드리며:** 나의 맘에 근심 구름(83장) / 슬픈 마음 있는 사람(91장)
**주간 약속 나누기:** 한 주간의 약속을 나누고 서로의 모습을
있는 그대로 받아 주세요.

## 마음열기

드라마 <슬기로운 의사생활>에 병든 딸을 위해 헌신하는 아버지의 모습이 그려졌습니다. 아버지가 간 이식을 하겠다고 하지만 담당 의사는 고령과 과체중을 이유로 만류합니다. 한동안 아버지가 찾아오지 않자 의사는 아버지가 도망쳤다고 생각했습니다. 그런데 예상을 뒤엎고 체중 감량을 해서 더 건강해진 모습으로 아버지가 나타났습니다. 그간 딸에게 신경 쓰지 못한 것에 대한 미안한 마음과 딸을 살리기 위해 무엇이든 해야겠다는 생각으로 식단 조절을 하고 운동을 해서 몸을 가꾸었던 것입니다.

• 자녀가 아팠을 때 그 심정이 어땠습니까?

# 성경과의 만남

예수님께서는 귀신을 쫓아내신 것 못지않게 많은 병자를 회복시키셨습니다. 복음서에 기록된 예수님의 치유 사역은 하나님 나라가 임한 것과 하나님의 아들로서 영광과 능력을 보여준 사건입니다. 그중 오늘은 야이로의 딸과 열두 해 동안 혈루증을 앓은 여인이 회복된 사건을 살피려 합니다. 찾아오는 위기와 변하는 상황 중에도 예수님만 바라보며, 예수님을 통해 회복된 일을 간증할 수 있기를 바랍니다.

## 1. 누가, 무슨 일로 예수님을 찾아왔습니까? (막 5:22-23)
➜ 병든 딸 때문에 회당장 야이로가 예수님을 찾아왔습니다.

**해설** 어린 딸이 갑작스레 아파 죽게 되었으니 하지 못할 것이 무엇이겠는가? 그러나 야이로는 다른 곳에서 해답을 찾지 않고 예수님을 찾았다. 그는 예수님을 찾아와 자기 체면을 따지지 않고 엎드려 간곡히 부탁했다. 야이로는 예수님께서 딸에게 손을 얹으면 딸이 나을 것이라 믿었기 때문이다. 예수님은 야이로가 가진 믿음을 귀하게 보셨다. 그의 딸을 함께 찾아가기로 하셨다. 위기의 상황을 맞을 때 어디서 해결책을 찾는지가 대단히 중요하다. 예수님을 따르는 제자들에게 해결책은 오직 예수님뿐이다.

• 갑자기 찾아오는 위기에 나는 가장 먼저 예수님을 찾고 있습니까?

## 2. 야이로의 집으로 가던 중 무슨 일이 일어났습니까? (막 5:27-29)

➔ 혈루증 앓던 여인이 예수님을 찾아왔습니다. 오랜 기간 동안 병 때문에 고통 받은 여인입니다.

**해설** 율법에 따르면(레 15:25), 이 여인은 부정한 여인으로 여김 받는다. 이 여인과 접촉하는 자도 부정하게 되니 사람들과 만나지 못했을 것이다. 이 여인의 고통이 얼마나 컸을까? 그런 여인이 예수님을 믿고 회복을 기대하며 예수님의 옷자락을 만지자, 혈루 근원이 마르는 것을 느꼈다. 예수님께서 "누가 내 옷에 손을 대었느냐?"고 물으셨다. 다른 사람들은 그저 어리둥절했다. 그러나 여인에게는 이 질문이 자신에게 일어난 구원 사역을 고백할 수 있는 통로가 되었다. 구원 받은 사건은 하나님과의 인격적인 관계를 반드시 포함한다.

• 내게는 간증거리가 있습니까? 또 그것을 어떻게 나누고 있습니까?

**3. 가는 길이 지체되자 야이로와 친지들의 마음이 타들어 갔을 것입니다. 야이로의 딸이 결국 어떻게 되었습니까? (막 5:41-42)**

➜ 예수님께서 야이로의 딸을 회복시키셨습니다.

**해설** 가는 길이 지체되어 야이로의 딸이 죽고 말았다. 그러나 예수님은 "야이로야 너는 걱정하지 말고 계속 믿거라"고 말씀하셨다. 변화된 상황을 바라보지 말고 자신만 바라보라고 하신 것이다. 사람들은 예수님을 원망하거나 비웃었다. 그러나 야이로는 예수님을 끝까지 믿은 듯하다. 예수님을 딸에게 안내했다. 딸에게 간 예수님은 "달리다굼" 곧 "소녀야 일어나라"고 말씀하셨다. 그러자 소녀는 마치 잠에서 깨는 것처럼 살아났다. 이처럼 예수님은 병과 심지어 죽음에서도 회복키는 분이시다. 우리는 주위의 비웃음과 염려에도 불구하고 예수님만 끝까지 바라보아야 한다.

• 변하는 상황 중에 믿음이 흔들렸던 적이 있습니까?

야이로와 병으로 고통 받은 여인의 믿음이 대단합니다. 야이로는 어려움이 생기자 즉시 예수님을 찾았습니다. 또 믿음이 흔들릴 만한 상황인데도 불구하고 끝까지 예수님을 믿었습니다. 여인은 예수님의 옷깃만 만져도 회복될 것이라 믿었습니다. 우리에게 이런 간증거리가 있습니까? 내가 만난 하나님을 기억하며 주변에 나누어 보십시오. 그때 하나님 나라가 임할 것입니다.

● 한 주간 약속 ●

소그룹에서 서로 토의하여 자유롭게 만들어 봅시다.
예) 우리 교회의 몸이 아픈 환자들을 위해 한 주간 특별기도하기.

# 하나님 나라를 가르치신 예수님

◆

마태복음 5:1-2, 12:5-6, 13:1-3
**찬양을 드리며:** 주의 말씀 듣고서(204장) / 주 예수 크신 사랑(205장)
**주간 약속 나누기:** 한 주간의 약속을 나누고 서로의 모습을
있는 그대로 받아 주세요.

## 마음열기

배우 고(故) 로빈 윌리엄스가 주연한 영화 <죽은 시인의 사
회>(Dead Poets Society)는 30년이 지났어도 여전히 감동적
입니다. 특히 마지막에 학생들이 "오 캡틴, 나의 캡틴이여!"(O
Captain, My Captain!)라고 외치며 책상 위에 올라서는 장면
은 지금도 큰 감동을 줍니다. 영화는 당시 미국 부모들의 비뚤어
진 욕망과 교육관, 거기에 휘둘리는 교육 현장을 고발하며 동시
에 키팅 선생님과 같은 교사를 닮아야 할 모델로 제시했는데, 그
만큼 좋은 교사는 그의 행동과 가르침이 그를 따르는 제자들에게
긍정적인 영향을 미칩니다.

• 내게 가장 큰 영향을 준 교사나 가르침은 무엇입니까?

# 성경과의 만남

　믿지 않는 사람도 예수님의 가르침에 숭고함과 경이로움을 느낍니다. 그러나 우리 믿는 사람은 그들과 달라야 합니다. 우리는 예수님께서 윤리 도덕적인 수준의 내용을 가르치신 것이 아니라 하나님 나라를 가르치신 것을 깨달아야 합니다. 예수님께서는 강론으로, 때로는 논쟁과 비유로 하나님 나라를 가르치셨습니다. 우리는 예수님의 가르침에 따라 하나님 나라를 깨닫고 하나님 나라 백성으로서 순종해야 할 것입니다.

## 1. 산에 오르신 예수님께서 제자들에게 무엇을 가르치셨습니까?
　(마 5:1-2)

➜ 예수님께서 제자들에게 하나님 나라의 삶을 가르치셨습니다.

　**해설** 산에 오르신 예수님께서 제자들에게 하나님 나라 백성의 삶을 가르치셨다. 이 가르침이 바로 그 유명한 "산상수훈"이다. 그 가르침이 보배와 같이 귀하다는 뜻에서 "산상보훈"이라고도 불린다. 제법 긴 내용(5-7장)이지만 아주 간략하게 요약하면 하나님만 사랑하고 섬기며, 말씀에 따라 순종하여 하나님 나라를 전파하라는 것이다. 예수님이 가르치시는 하나님 나라의 수준을 보면 너무 높아 못 따라갈 것 같다. 그러나 하나님 나라 백성에게 다른 길은 없다. 세상에서 소금과 빛으로서 역할을 감당해야

하며(5:13-16), 오직 하나님 나라의 의를 먼저 구해야 한다(6:33). 이 일을 위해 아버지 하나님께 끊임없이 간구해야 한다(6:9-13).

• 내 모습은 소금과 빛으로 합당한 모습입니까? 그렇지 않다면 어떤 점에서 그렇습니까?

## 2. 예수님이 올바르게 가르치신 것은 무엇입니까? (마 12:5-6)

➜ 예수님이 율법을 올바르게 가르치셨는데, 서기관, 바리새인의 가르침과 달랐습니다.

**해설** 바리새인들은 율법 준수에 열심을 내는 이들이었고 사람들에게 존경을 받기도 했다. 그러나 예수님은 이들의 본 모습을 간파하셨다. 이들은 다른 사람을 의식하며 외식했고(6:1), 백성을 정죄하고 무거운 짐을 지웠다(11:30). 이들과 달리 예수님께서는 하나님의 아들로서 권위 있고(7:28), 율법의 참된 의미를 가르치셨다. 12장 말씀의 경우에도 바리새인들이 가르친 안식과 달리 안식일의 주인으로서 참된 안식을 가르치셨다. 우리가 종종 말씀 순종에 둔감할 때가 있다. 그러나 예수님께서 율법을 완성하신 분이요 가르치셨던 분임을 기억하며, 말씀에 더욱 순종해야 할 것이다.

• 내가 순종하기 어려운 말씀은 무엇입니까? 순종하기 위해 어
   떤 결단을 하겠습니까?

## 3. 예수님께서 하나님 나라를 가르치시면서 즐겨 사용한 방법이 무엇입니까? (마 13:1-3)

➜ 예수님께서 하나님 나라를 가르치기 위해 비유를 즐겨 사용하셨습니다.

**해설** 비유를 사용한 이유야 여러 가지겠지만, 그중 하나는 범죄한 인간이 도무지 하나님 나라를 상상할 수 없었기 때문이다. 그래서 예수님은 일상생활에서 볼 수 있는 사물이나 풍경, 이야기들을 매개로 하나님 나라를 가르치셨다. 선한 사마리아인 비유, 탕자의 비유 등 익숙한 예수님의 비유가 있다. 그 교훈은 하나같이 놀랍고 감동적인데, 우리는 그것을 넘어 그 가르침이 하나님 나라와 연결된다는 것을 기억해야 한다. 예수님의 비유는 모두 하나님 나라의 특징, 모습, 삶의 방식을 가르치는데, 우리는 그것에 주목해야 한다.

• 내가 좋아하는 예수님의 비유는 무엇입니까? 그것은 하나님
   나라와 어떤 관계가 있습니까?

## • 정리하기 •

예수님께서는 그 누구와도 비교할 수 없이 좋은 선생님이십니다. 특히 하나님 나라와 그 삶을 가르치는 것이 놀랍습니다. 우리가 예수님의 가르침을 배우고 순종하는 데 더욱 열심을 내야 할 것입니다. 이어서 교재 5단원에서는 산상수훈에 대해 더 깊이 배우고 6단원에서는 예수님의 비유를 배울 것입니다. 배움을 통해 하나님 나라를 누리고 더욱 꿈꾸기 바랍니다.

## • 한 주간 약속 •

소그룹에서 서로 토의하여 자유롭게 만들어 봅시다.
예) 한 주간 동안 산상수훈을 읽고 감동받은 말씀을 구역원에게 메시지 보내기.

## Lesson 6
# 십자가 고난을 당하신 예수님

마태복음 27:11-66

**찬양을 드리며:** 오 거룩하신 주님(145장) / 주 달려 죽은 십자가(149장)
**주간 약속 나누기:** 한 주간의 약속을 나누고 서로의 모습을
있는 그대로 받아 주세요.

## 마음열기

음악의 아버지라 불리는 요한 세바스찬 바흐(J. S. Bach)는 교회 음악도 많이 남겼습니다. 바흐는 복음서에 기록된 예수님이 고난 받으시는 모습을 아름다운 음악으로 그려냈는데, 그중 가장 유명한 것이 바로 <마태 수난곡>(Matthäuspassion)입니다. 세 시간 가까이 걸리는 긴 분량 동안 여러 차례 반복되는 곡이 있습니다. 바로 찬송가 145장에 수록된 "오 거룩하신 주님"입니다. 이 찬송의 아름다운 선율과 장엄한 가사는 예수님의 고난을 더욱 묵상하게 만듭니다.

• 예수님이 고통 받는 장면을 지켜보는 사람들은 어떤 심정이
  었을까요?

# 성경과의 만남

때가 이르러 예수님께서 예루살렘으로 가셨습니다. 예루살렘에 입성하실 때 꼭 왕의 행렬처럼 백성에게서 열렬한 환영을 받았습니다(마 21:8-9). 하지만 성전을 중심으로 세력을 유지하던 유대 종교인들은 그런 예수님이 껄끄러울 수밖에 없었고, 결국 계략을 꾸며 예수님을 부당하게 고발했습니다. 얼핏 보기에 종교인들의 질투로 예수님께서 희생당한 것 같지만 사실은 예수님의 죽으심으로 백성을 죄에서 구원하시는 하나님의 뜻이 이루어진 것입니다.

## 1. 사도신경에서 예수님이 누구에게 고난 받으셨다고 합니까?
### (마 27:11)

➔ 예수님께서 로마 총독 빌라도 아래 고난을 받으셨습니다.

**해설** 로마 총독 빌라도에게 고난을 받으신 것은 어떤 의미일까? 먼저 역사 속 인물인 빌라도를 언급함으로써 예수님의 고난 받으신 사건도 역사 속 일어난 일인 것을 강조한다. 또 빌라도의 부당한 재판으로 인해 예수님의 무죄함을 강조하며, 그로 인해 우리가 받아야할 고난과 죽음을 예수님께서 대신 지셨다는 것을 강조한다(사 53:4-5; 고후 5:21). 정리하자면 빌라도 아래 받은 예수님의 고난은 분명히 있었던 일이며, 우리가 받을 징계를 대신한 것이다.

- 예수님께서 부당하게 죽으셨다는 것에 대해 나는 어떻게 생각합니까?

## 2. 예수님을 고발한 성난 군중이 무엇을 외쳤습니까? (마 27:22, 35)

➜ 그들이 "십자가에 못 박아 죽여라!"고 외쳤습니다.

**해설** 당시 십자가 형벌은 사형수를 가장 잔인하게 죽이는 처형 방식이었다. 그러나 여기에는 깊은 의미가 있다. 율법에 따르면 나무에 달려 죽는 자는 하나님의 저주를 받은 자라고 했다(신 21:23). 그러니 그들이 신성모독 죄로 예수님을 고발한 만큼 예수님이 하나님의 저주를 받아 죽었다고 드러내야 했다. 그들의 잔악한 계략 때문에 결국 예수님은 십자가에 못 박혀 죽으셨다. 그러나 이것은 하나님의 저주를 받기에 마땅한 우리의 죄를 대신 짊어지신 것이다(사 53:6; 요 1:29; 고후 5:21). 십자가를 떠올릴 때마다 우리 죄가 하나님의 아들이 죽으셔야 할 만큼 컸다는 것을 기억하고 우리를 위해 대신 죽으신 예수님께 감사해야 한다.

- 십자가 형벌을 받을 만큼 중한 죄인이라고 스스로 생각합니까?

### 3. 예수님께서 죽으신 것이 확실합니까? (마 27:50, 59-60)

➜ 예수님께서 완전히 죽으셔서 장례를 치른 뒤 무덤에 안치되었습니다.

**해설** 예수님께서 십자가에서 고통 받으실 때 예수님을 조롱하는 이들이 있었다. 어쩌면 누군가는 예수님께서 십자가에서 내려와 그들을 물리치고 당당히 설 것을 기대했을지도 모른다. 하지만 예수님은 결국 우리의 죄를 짊어지시고 십자가에서 완전히 죽으셨고 무덤에 장사되셨다. 어떤 이들은 예수님이 기절하셨거나 죽은 체했다고 생각하지만, 예수님은 피와 물을 흘리셨고(요 19:34) 장례 절차에 따라 무덤에 안치되셨다. 하나님의 아들이 우리의 죄를 대신해 죽음의 형벌을 당하신 것이다. 예수님께서 우리 대신에 죽음의 고통을 받으셨음을 기억하며 그분께 감사와 찬송을 드려야할 것이다.

• 우리 대신에 죽으신 예수님께 감사하는 마음이 있습니까?

예수님께서 고통 받으시고 십자가에서 죽으신 것을 많은 사람이 알고 있습니다. 그러나 그 의미를 아는 사람은 적습니다. 그것은 바로 인간의 죄와 그 결과가 하나님의 아들이 죽으실 만큼 크다는 것을 뜻합니다. 예수님을 따르는 이들은 자기를 대신해 죽으신 분께 그저 감사할 수밖에 없습니다. 예수님의 십자가 죽으심을 기억하며 감사와 찬송을 올려드립시다.

· 한 주간 약속 ·

소그룹에서 서로 토의하여 자유롭게 만들어 봅시다.
예) 유튜브에서 "오 거룩하신 주님" 검색해 듣고 부르기.

# 부활하신 예수님

◆

마태복음 28:1-20

**찬양을 드리며:** 무덤에 머물러(160장) / 할렐루야 우리 예수(161장)

**주간 약속 나누기:** 한 주간의 약속을 나누고 서로의 모습을
있는 그대로 받아 주세요.

## 마음열기

　　한 유대인 청년이 전도자 엑클레이에게 "왜 내가 죽은 그 유대인에게 예배를 드려야 한단 말입니까?"라고 물었습니다. 그때 엑클레이는 "그분은 살아계십니다. 분명히 말하지만 그분은 죽었다가 다시 살아나셨습니다. 지금 여기에도 계십니다. 나는 수많은 성도의 간증과 내 자신의 체험에서 예수께서 살아계심을 증명할 수 있습니다"라고 대답했습니다. 이 질문과 이 대답이 계기가 되어 엑클레이는 후에 피아노 앞에 앉아 묵상하며 작품을 썼는데 바로 찬송가 162장 '부활하신 구세주'입니다.

• 예수님의 부활을 다른 사람들이 믿지 못하는 이유는 무엇일까요?

# 성경과의 만남

예수님께서 만일 십자가에 달려 죽으신 뒤 아무 일도 일어나지 않았다면 이렇게까지 전 세계로 복음이 확산되지 않았을 것입니다. 단지 놀라운 사랑과 실천을 보이신 분 정도로 알려졌을 것입니다. 그러나 하나님께서 아들 예수님을 죽음에서 일으키셨습니다. 예수님께서 죽음을 이기시고 부활하셨습니다! 뱀의 후손은 여인의 후손에게 치명상을 입혔다고 좋아했지만 결국 자기 머리가 부수어졌습니다. 더 놀라운 일은 이 사실을 믿는 이들에게 하나님의 죄 사함이 주어지고 예수님처럼 부활하게 된다는 것입니다.

## 1. 안식일 다음 날 예수님의 무덤에 찾아간 이들이 만난 사람은 누구입니까? (마 28:9)

➜ 막달라 마리아와 다른 마리아가 무덤에 찾아갔을 때 부활하신 예수님을 만났습니다.

**해설** 다른 제자들과 달리 여인들은 두려워하지 않고 예수님을 기억하며 찾았을 때 부활하신 예수님을 만날 수 있었다. 그들이 무덤에 이르자 지진이 나며 천사가 강림했다. 그들이 두려워하며 떨었는데, 천사가 말했다. "예수님이 살아나셨느니라. 와서 그가 누웠던 자리를 보라!" 예수님께서 부활하셨다! 그들은 빈 무덤을 보았고 다른 제자들에게 알리려 했고, 가는 길에 예수님께서 나타나셨다. 그들은 예수님의 발을 붙잡고 경배했다. 부활에 대한 의심이 들 수 있고 믿기 어려울 수 있다. 그러나 믿고 확신하는 자는 부활하신 예수님을 경배할 수밖에 없다. 그래서 오늘날 우리는 부활하신 주님을 주일마다 예배하며 경배한다.

- 나는 주일마다 부활하신 예수님을 기뻐하며 예배하고 있습니까?

## 2. 부활의 소식을 듣고 모든 사람이 믿었습니까? (마 28:12-13)
➔ 아닙니다. 처음부터 부활을 믿지 못하는 자들이 있었습니다.

**해설** 이 시대는 부활하신 때와 장소로부터 멀리 떨어져 있다는 걸 이유로 대며 믿지 못한다고 하는데, 가장 가까이 있던 경비병들과 대제사장들, 장로들은 부활의 광경을 보고 들었는데도 불구하고 믿지 않았다. 아니 더 적극적으로 부활에 반대하고 저항했다. 그들이 모여서 의논한 뒤 돈을 주어 군인들을 매수했다. 그들로 하여금 제자들이 밤에 와서 예수님의 시체를 훔쳐간 뒤 부활했다고 말하는 것이라고 가짜 뉴스를 퍼뜨리게 했다. 그들과 달리 오늘을 사는 우리가 예수님의 부활을 믿는 것은 참으로 놀라운 일이다. 믿음을 주신 하나님께 감사할 수밖에 없다.

• 나는 예수님의 부활과 나의 부활을 확신하고 있습니까?

## 3. 부활하신 예수님께서 제자들에게 명령하신 것이 무엇입니까?
### (마 28:19-20)

➜ 부활의 소식을 온 세상에 전하는 것입니다.

**해설** 부활하신 예수님께서 제자들에게 갈릴리로 모이라고 하셨다. 지상명령으로 알려진 이 말씀을 승천하시기 전에 하신 것으로 오해하기도 하는데, 이 말씀은 갈릴리에서 하신 명령이다. 부활하신 예수님께서 제자들을 파송하시면서 모든 민족을 제자로 삼으라고 하신다. 제자들은 예수님의 명령에 순종해 온 유대와 사마리아, 소아시아, 유럽에 가서 제자를 삼았다. 그 제자들이 또 제자를 삼고 삼아 마침내 복음이 우리나라에까지 전해졌다. 우리 역시도 부활 소식을 전하라는 이 명령이 남았다. 점점 더 복음 전하기가 어렵다. 그러나 주님께서 항상 함께하신다는 약속을 의지하며 부활의 소식을 전해야 할 것이다.

• 나는 부활의 소식을 전하고 있습니까? 어떻게 이 소식을 전할 수 있을까요?

## 정리하기

만일 예수님께서 부활하지 않으셨다면, 조심스럽지만 그분의 죽음이 무의미했을 것입니다. 그러나 예수님께서는 무덤 속에 누워 계시지 않고 다시 살아나셨습니다. 부활하신 예수님을 믿는 자들에게 영생이 주어지고 그분처럼 부활할 것이 약속으로 주어졌습니다. 그 어디에도 이런 기쁜 소식이 없습니다. 이 기쁜 소식을 온 세상 만방에 전합시다!

## 한 주간 약속

소그룹에서 서로 토의하여 자유롭게 만들어 봅시다.
예) 한 사람을 정해 기도하며 부활의 소식을 전하기.

Lesson 8
# 다시 오실 예수님

사도행전 1:1-11, 롬 13:11-14
**찬양을 드리며:** 주 예수의 강림이(179장) / 하나님의 나팔 소리(180장)
**주간 약속 나누기:** 한 주간의 약속을 나누고 서로의 모습을
있는 그대로 받아 주세요.

## 마음열기

유대 지역 한 마을이 시끌시끌합니다. "그건 저기에 두고, 포도 173
주는 많이 준비했지? 신부는 잘 기다리고 있는 것 같고, 그나저나
신랑은 언제 온대?" 결혼식이라서 연회장이 흥겨운 분위기로 넘
쳐납니다. 신랑이 올 때 어두운 밤길을 걸어야 하니 길을 밝혀줄
사람들이 필요해서, 몇 명의 도우미들을 선발해 신랑을 기다리게
했습니다. 그런데 생각보다 신랑이 늦게 와서 도우미들이 지쳐
잠들고 말았습니다. 그때였습니다. "신랑이 온다!" 큰 소리에 깜짝
놀란 도우미들이 허겁지겁 준비하는데 누군가 외칩니다. "이럴 수
가! 등불을 밝힐 기름이 다 떨어지고 말았어, 어떡하지?"

• 나는 예수님의 재림을 깨어서 준비하며 기다리고 있습니까?

# 성경과의 만남

　부활하신 예수님은 40일 동안 제자들에게 나타나시면서 하나님 나라를 가르치셨습니다. 이후 때가 되어 예루살렘 인근 감람원으로 제자들을 불러 모으셨습니다. 제자들은 이제 드디어 새로운 이스라엘 나라가 회복된다고 생각했지만 예수님은 놀라운 일을 보이셨습니다. 바로 하늘로 올라가신 것입니다. 지금 예수님은 하나님 우편에 앉아 계시며 온 우주를 다스리고 계십니다. 그러나 영원히 거기에 계시지 않고 올라가신 것처럼 다시 이 땅에 오실 것입니다.

## 1. 예수님께서 하늘에 오르시기 전에 하신 일이 무엇입니까? (행 1:8)
➜ 예수님께서 제자들에게 예수님의 증인이 될 것을 명령하셨습니다.

　**해설** 부활하신 예수님이 갈릴리에서 제자들에게 하신 명령과 같은 뜻이다(마 28:18-20). 차이가 있다면 성령님의 함께하심에 대한 분명한 언급이다. 예수님께서는 승천하신 뒤 제자들에게 성령님을 보내겠다고 하셨다(요 14:16). 성령님께서는 많은 일을 하시는데 그중 하나가 바로 예수님의 증인이 되게 하시는 것이다. 예수님의 증인이라면 무엇을 증언하는가? 바로 예수님의 죽으심과 부활, 더 나아가 예수님께서 지금 하늘에 계셔서 온 우주 만물을 다스리는 것과 다시 이 땅에 오실 것을 증언해야 한다.

• 나는 예수님의 부활과 승천, 재림을 확신합니까? 또 이 일을 증언하고 있습니까?

## 2. 명령하신 뒤 어떤 일이 일어났습니까? (행 1:9)

➔ 예수님께서 승천하셨고 구름이 예수님을 가렸습니다.

**해설** 개신교회 최고 절기가 부활절과 성탄절이다. 그에 비해 승천절과 승천기념주일은 소외되어 있다. 그러나 성경은 분명히 예수님의 승천을 말하고 있고, 승천하신 예수님께서 하나님 우편에서 만물을 다스리신다고 말하고 있다(막 16:19; 행 2:33; 엡 1:20-22; 빌 2:10; 골 2:10; 히 1:3; 벧전 3:22). 이 승천이 큰 의미가 있는 것은 지금 우리도 예수님과 함께 하늘에 올라가 있다는 것을 가르쳐 주기 때문이다. 우리가 예수님을 믿어 하늘에 계신 예수님과 한 몸이 되었다. 또 성찬식 때 예수님의 몸과 피를 먹고 마심으로 그분께서 계신 하늘로 올라간다. 비록 우리가 이 땅에서 힘겹고 어려운 삶을 살아가지만, 우리의 영혼이 이미 하늘로 올라가 예수님과 함께 지내고 있다는 것은 벅찬 감동과 위로를 준다.

175

• 나는 예수님의 승천을 잘 알고 있습니까? 함께 하늘에 있다는 것을 확신합니까?

**3. 예수님께서 다시 오실 때까지 우리는 어떻게 해야 합니까? (행 1:11, 롬 13:11)**

➜ 다시 오실 때까지 늘 깨어서 기다려야 합니다.

**해설** 많은 사람이 예수님께서 오시는 날, 시간에만 관심을 둔다. 1992년 한국 사회를 떠들썩하게 했던 시한부 종말론 사건이 대표적이다. 예수님께서도 알지 못한다고 한 재림의 때를 왜 궁금해 할까? 아마도 혹시나 내가 재림의 날에 구원 받지 못할까 하는 두려움이 크기 때문일 것이다. 이럴 때일수록 올바른 재림에 대한 믿음이 필요하다. 재림은 분명하지만 그 때는 아무도 알지 못한다는 것을 확신해야 한다. 대신 성령님께서 오래 참음의 열매를 맺게 하셔서, 다시 오실 때까지 깨어있기를 간구해야 한다.

- 나는 재림을 확신합니까? 재림을 믿지 못하거나 기다리지 못하게 하는 걸림돌은 무엇입니까?

예수님께서 다시 오실 날을 간절히 바라고 있습니까? 예수님께서 다시 오셔서 자기를 믿는 이들을 고통 중에서 구원하시고 영광스럽게 하실 것입니다. 믿는 우리는 그때까지 깨어서 기다려야 합니다. 깨어서 기다리는 삶은 부활하신 예수님을 증언하는 삶이며 승천하신 예수님과 함께 하늘의 복을 누리는 삶입니다.

## 한 주간 약속

소그룹에서 서로 토의하여 자유롭게 만들어 봅시다.
예) 깨어 기다리는 삶을 살자고 다른 구역원에게 메시지 보내기.

# 5단원
# 예수님의 가르침

이번 단원에서는 예수님의 가르침 중 팔복 말씀을 살펴봅니다. 이 말씀은 예수님께서 제자들에게 하나님 나라 백성의 삶이 어떠해야 하는지, 그리고 참된 행복이 무엇인지를 가르치신 말씀입니다. 이 말씀은 짧지만 아주 강력합니다. 한마디로 말해 예수님이 말씀하시는 복은 세상이 원하는 복과는 질적으로 차원이 다른 복입니다. 세상이 원하는 복과는 정반대의 복이기 때문에 이 말씀은 '역설의 진리'라고 할 수 있습니다. 그 핵심은 내가 아닌 하나님 나라가 중심이며, 예수 그리스도의 말씀으로 세상의 법에 대항하며 사는 삶입니다.

Lesson 1

# 심령이 가난한 자의 복

마태복음 5:1-3

**찬양을 드리며:** 맘 가난한 사람(427장) / 먹보다도 더 검은(423장)

**주간 약속 나누기:** 한 주간의 약속을 나누고 서로의 모습을
있는 그대로 받아 주세요.

## 마음열기

과거 영국 런던정치경제대학의 로버트 우스터 교수가 전 세계
국가 중 54개국 국민들을 대상으로 행복지수를 조사하여 발표한
것이 화제가 되었습니다. 놀랍게도 1위는 빈국으로 알려진 방글
라데시 국민이었고 강대국 미국은 46위, 우리나라는 23위였습니
다. 우스터 교수는 "선진국의 경우 물질적 포만도가 일정 수준을
지나면 소득 상승이 더 이상 행복에 영향을 주지 않는다"고 했습
니다. 또 반대로 "빈국인 경우 적은 소득 증가나, 개선만 있어도
미치는 영향이 크다"고 말했습니다. 물질이 풍요하더라도 언제나
행복하지 않다는 것을 봅니다.

• 내가 생각하는 행복의 조건은 무엇입니까? 또 내가 생각하는
  진정한 행복은 무엇입니까?

# 성경과의 만남

　예수님은 팔복 말씀을 통해 하나님 나라 백성의 "일상적 모습"을 제시합니다. 이러한 모습은 어떤 특별한 은사를 받은 사람들만의 전유물이 아닙니다. 성도가 이 세상에서 어떤 삶을 살아가야 하는지, 혹은 어떤 삶을 살아야 하는지를 말하고 있습니다. 그런 점에서 팔복 말씀을 구원 받기 위한 조건으로 이해할 것이 아니라, 구원 받은 천국 백성이 이 세상에서 어떻게 살아야 하는지를 격려하는 말씀으로 이해해야만 합니다. 그렇다면 가장 먼저 말씀하시는 심령이 가난한 자는 어떤 사람입니까? 그리고 이 사람에게 허락된 복은 무엇입니까?

## 1. 심령이 가난한 사람은 어떤 사람입니까? (마 5:3)
➜ 오직 하나님의 은혜로만 살 수 있음을 고백하는 사람입니다.

　**해설** 예수님이 말씀하시는 '심령이 가난한 자'는 가난과 어려움에 시달려서 외롭게 앉아 있는 사람, 구걸하는 자처럼 불쌍한 사람, 남의 도움이 절대적으로 필요해 학수고대하는 사람으로 이해할 수 있다.

　고려신학대학원 변종길 교수에 따르면 이 단어는 구약에서 거의 대부분 종교적인 의미로 사용되고 있으며, 경제적인 의미로는 거의 사용되지 않는다. 따라서 구약 성경이 말하는 심령이 가난한 자는 "괴롭힘 당하는 자," "고난 받는 자"를 뜻하며, 또한 사람이 가지게 되는 마음의 태도인 "부드러운," "온유한"의 의미도 있다. 칼빈은 역경으로 고통을 받아 겸손하게 "하나님의 보호를 받겠습니다"라고 고백하는 사람이 심령이 가난한 사람이라고 한다.

이상의 사실을 생각해 볼 때 심령이 가난한 자는 "영적인 측면에서" 가난한 사람을 가리킨다. 곧 주위에 있는 악한 자들에게 학대받고 압제 당해 괴로운 자, 그리하여 마음이 슬프고 외로운 사람, 세상으로부터는 어떤 소망도 가지지 못해 하나님의 은혜만 구하는 사람이 심령이 가난한 사람이다.

• 나는 가난한 사람입니까? 하나님이 없는 인생은 아무 의미 없다고 고백할 수 있습니까?

## 2. 심령이 가난한 자가 받는 것이 무엇입니까? (마 5:3)
➜ 그들이 천국을 유업으로 받게 됩니다.

**해설** 심령이 가난한 자가 복이 있는 이유는 "천국이 그들의 것"이기 때문이다. 심령이 가난한 자가 복 있음은 그들이 하나님의 나라에 '장차' 참여할 뿐만 아니라 그 복을 '지금' 보증 받으며 살고 있기 때문이다. 흔히 천국을 극락같이 죽으면 가는 곳으로 생각한다. 물론 우리가 죽고, 예수님께서 오실 때 완전한 하나님 나라를 누릴 것이다. 그러나 예수님은 또한 현세에서 누리는 하나님 나라를 가르치신다. 하나님은 이 세상을 의지하지 않고 오직 하나님만 의지하고, 그 은혜를 구하는 자에게 세상의 어떤 상과 비교할 수 없는 천국을 상으로 주신다. 이 땅에서 하나님을 모시고, 하나님과 함께 살아가는 것이 하나님 나라의 시작인 것이다. 이 행복이 지금부터 영원히 이어질 것이다.

　물질적으로 부하든 가난하든 그것은 중요하지 않다. 물질이 많아도 심령이 가난한 사람들이 있고, 물질이 적어도 심령이 완악한 사람들이 있기 때문이다. 중요한 것은 세상이 주는 것에 소망을 두지 않고 오직 하나님의 은혜로만 살아간다고 고백하는 것이다. 하나님은 이런 심령이 가난한 자들에게 천국이 그들의 것이라고 약속하셨다.

183

　• 내가 지금 누리며 즐기는 하나님 나라의 복은 무엇입니까?

## 정리하기

하나님 나라에서는 물질적으로 부하든 가난하든 그것은 중요하지 않습니다. 중요한 것은 세상이 주는 것을 의지하지 않고 하나님의 은혜만 소망하는 것입니다. 이 심령이 가난한 자가 부요한 천국을 유업으로 받을 것입니다. 하나님이 주시는 이 놀라운 복을 풍성히 받아 누리기 바랍니다.

## 한 주간 약속

소그룹에서 서로 토의하여 자유롭게 만들어 봅시다.
예) 물질이나 사람을 의지하기보다 하나님만을 의지하며 살아가기, 주님을 위해 나의 가장 소중한 것 하나를 드리기.

## Lesson 2
# 애통하는 자의 복

마태복음 5:4
**찬양을 드리며:** 맘 가난한 사람(427장) / 슬픈 마음 있는 사람(91장)
**주간 약속 나누기:** 한 주간의 약속을 나누고 서로의 모습을
있는 그대로 받아 주세요.

# 마음열기

대형 서점에 나가보면 유머에 관한 많은 책이 진열되어 있습니다. ⋯ "유머는 성공의 시작이요 웃음은 행복의 시작이다," "웃으면 복이 와요" 등의 부제가 붙은 책들을 손에 들고 읽으면서 웃고 있는 모습들을 볼 수 있습니다. 답답하고, 짓눌리고, 쫓기는 분위기 속에서 하루하루 세상을 살아가는 현대인들이 잠시나마 숨을 돌리기 위한 방편으로 웃음거리를 찾아 헤매고 있는 것 같습니다. ⋯ 과도한 스트레스에 시달리는 현대인들에게 있어 웃음은 더없이 좋은 것일 수도 있습니다. - 옥한흠의 『빈마음 가득한 행복』 중에서 -

• 웃음에 몰두한 나머지 혹시 눈물을 흘리는 것에는 인색하지
  않습니까?

# 성경과의 만남

팔복의 두 번째 복은 애통하는 자에게 주어지는 것입니다. 이 구절의 평행구절이 누가복음에 나옵니다. "지금 우는 자는 복이 있나니 너희가 웃을 것임이요"(눅 6:21)라고 말하며, 이것에 반대되는 화 선언이 "지금 웃는 자여, 너희가 애통하며 울리로다"(눅 6:25)라고 선포됩니다. 그러면 예수님이 말씀하는 애통하는 자는 누구이며, 이들에게 약속된 복은 무엇입니까? 또 성경은 왜 세상의 상식과 반대로 우는 자가 복이 있다고 말합니까?

## 1. 애통하는 사람은 어떤 사람입니까? (마 5:4)
➔ 애통하는 사람은 하나님 앞에서 우는 사람입니다.

**해설** 애통하는 자는 단순히 '슬픈 자' 또는 '우울한 자' 정도가 아니라, '비통해 하는 자,' '소리 내어 우는 자'를 뜻한다. 이 세상에서 믿음 때문에 핍박 받아 곤란함과 괴로움에 처한 사람, 그리하여 그 답답함과 억울함을 참지 못해 하나님 앞에서 우는 사람이다.

사실 애통하는 자는 '심령이 가난한 자'의 또 다른 모습이다. 유대 백성은 당시 로마의 압제와 유대교의 죽은 전통 아래서 고통당하던 자들이었다. 당시 백성은 엄청난 세금과 빚에 허덕였고, 빚 때문에 가족을 노예로 파는 일도 있었다. 종교지도자들 역시

희망을 전하기보다 그들을 쥐어짜는 말씀으로 세상에서 살 소망까지 끊게 만들었다.

예수님은 이 세상에서 고난 당하고 핍박 받아 늘 애통하며 괴로워하는 사람이 복이 있다고 한다. 이 세상에는 어떤 소망도 없기에 오직 하나님만 바라보며, 주님이 주시는 위로와 갚아주심을 바랄 수밖에 없는 사람이다. 하나님만 바라며 애통하는 모습은 불의로 가득한 세상에 속히 하나님 나라가 이루어지기를 간절히 바라는 모습이다.

• 지금 하나님이 나와 우리 가정, 그리고 구역을 보시면서 애통하실 것은 무엇입니까?

## 2. 애통하는 자가 받을 복은 무엇입니까? (고후 1:3-4)
➜ 하나님이 주시는 신령한 위로를 받을 것입니다.

**해설** 사람이 주는 위로는 한계가 있다. 또 그 위로는 일시적이다. 조금은 위로가 되지만 시간이 지나 다시 동일한 상황이 되면 걱정과 두려움이 생긴다. 그러나 하나님이 천국 백성에게 주시는 위로는 그런 일시적인 위로가 아니라 영원한 위로이다.

사도 바울은 고린도후서 말씀을 통해 우리 하나님을 '위로하시는 하나님'으로 부른다. "찬송하리로다 그는 우리 주 예수 그리스도의 하나님이시요 자비의 아버지시요 모든 위로의 하나님이시며 우리의 모든 환난 중에서 우리를 위로하사 우리로 하여금 하나님께 받는 위로로써 모든 환난 중에 있는 자들을 능히 위로하게 하시는 이시로다"(고후 1:3-4). 이렇듯 위로하시는 하나님 앞에서 펑펑 울면 하나님은 성령님을 통해 우리의 어깨를 보듬어 주시고, 우리의 눈에 흐르는 눈물을 닦아 주실 것이다. 마지막 날에 주님을 직접 뵈올 때 하나님은 우리 눈물을 닦아 주실 것이다. "이는 보좌 가운데에 계신 어린양이 그들의 목자가 되사 생명수 샘으로 인도하시고 하나님께서 그들의 눈에서 모든 눈물을 씻어 주실 것임이라"(계 7:17).

천국 백성의 신앙은 눈물을 먹고 자란다. 천국 백성의 인격은 눈물 골짜기를 통과하면서 성숙해진다. 천국을 제대로 아는 사람은 눈물을 부정적으로 보지 않는다. 애통을 무조건 싫은 것으로, 두려운 것으로 생각할 필요가 없다. 왜냐하면 주님께서 하나님 나라와 복음을 위해 흘린 우리의 눈물을 반드시 기억하시고 위로해 주실 것이기 때문이다.

• 내 주변 사람 중 하나님의 위로가 필요한 사람은 누구입니까? 내가 이 사람을 어떻게 위로해야 할까요?

'웃으면 복이 와요'라는 세상의 상식과 달리 예수님께서는 애통하는 사람에게 복이 있다고 합니다. 왜냐하면 슬퍼하고 소리 내어 우는 자들을 하나님께서 위로하시기 때문입니다. 만일 하나님의 위로가 없다면 애통하는 자는 정말 비참한 자일 것입니다. 그러나 애통하는 자에게 하늘로부터 오는 위로가 주어짐을 기억하며 굳건히 견디시길 바랍니다.

· 한 주간 약속 ·

소그룹에서 서로 토의하여 자유롭게 만들어 봅시다.
예) 하나님의 위로가 필요한 한 사람을 정해 그 사람을 위해 기도하기.

Lesson 3
# 온유한 자의 복
◆
마태복음 5:5
**찬양을 드리며:** 맘 가난한 사람(427장) / 겸손히 주를 섬길 때(212장)
**주간 약속 나누기:** 한 주간의 약속을 나누고 서로의 모습을
있는 그대로 받아 주세요.

# 마음열기

종교개혁자 칼빈은 스위스 제네바를 중심으로 교회 개혁을 이끌었습니다. 하지만 성경에 따라 철저하게 개혁하고자 한 칼빈에게 반대자들이 생겼고, 그들이 칼빈을 제네바에서 추방했습니다. 놀랍게도 그는 아무런 원망도 불평도 없이 떠났습니다. 그렇게 3년이 지난 후 제네바는 교회 개혁의 필요를 느꼈고 칼빈이 그 적임자임을 다시금 깨달았습니다. 그들은 칼빈에게 다시 와 줄 것을 요청했는데, 놀랍게도 칼빈은 거리낌 없이 제네바로 돌아와 개혁을 완수했습니다. 칼빈의 사역으로 제네바는 당대에 가장 거룩한 도시가 되었습니다.

• 만약 내가 다시 돌아오라는 초청을 받았다면, 어떻게 반응했을 것 같습니까?

# 성경과의 만남

예수님은 세 번째 복인 온유한 자가 누릴 복을 말씀하십니다. 아마도 한국 사람은 이 세 번째 복을 좋아할 것 같습니다. 그것은 한국 사람처럼 땅(부동산)을 좋아하는 사람도 없을 것이기 때문입니다. 하지만 사람들은 땅을 좋아하는 만큼 온유한 것은 좋아하지 않습니다. 그만큼 예수님의 생각과 사람들의 생각은 너무나 다릅니다. 그렇다면 예수님이 말씀하시는 온유한 자는 어떤 사람일까요? 그리고 주님이 주겠다고 약속하시는 땅은 어떤 땅일까요?

## 1. 온유한 사람은 어떤 사람입니까? (마 5:5)

➔ 하나님을 바라보며, 세상에 대항하는 사람입니다.

해설 예수님이 말하는 온유한 사람은 세상의 "강포한 사람"과 반대되는 사람이다. 즉 다른 사람으로부터 악을 당하고 억울한 일을 당해도 그것에 저항하지 않고 복수하지 않는 자이다. 그저 얻어맞아야 한다는 뜻이 아니라 오직 하나님만 바라보며, 하나님의 갚아주심과 위로를 바라야 한다는 뜻이다. 사실 이것은 공의로우신 하나님에 대한 전적인 믿음이 없이는 불가능한 일이다. 그런 점에서 오직 하나님만을 의지하는 사람, 하나님의 갚아주심을 믿는 사람이 온유한 자이다.

최고로 온유한 분이 예수님이다. 예수님 스스로 자신을 "나는 마음이 온유하고 겸손하니"(마 11:29)라고 말씀하셨다. 온유하신 주님은 세상의 강포한 길을 포기하고 십자가에서 수치와 고통을 당하셨다. 사탄은 자기가 승리했다고 생각했지만 결국 그것은 큰 착각이었음이 단 3일 만에 밝혀졌다. 결국 온유한 자는 예수님처럼 세상의 강포한 길을 거부함으로써 세상에 대항하며, 이로써 영원한 승리를 얻는 사람이다.

• 강포한 세상에서 하나님이 원하시는 온유를 어떻게 실천하겠습니까?

## 2. 온유한 자가 받을 복은 무엇입니까? (마 5:5)

➜ 땅을 기업으로 받는 것입니다.

**해설** 이 세상에서는 강포한 사람이 땅을 차지한다. 사람들은 이 세상의 권력과 물질을 차지하기 위해 온갖 편법과 불법까지도 서슴지 않는다. 하나님 나라 백성은 이러한 세상 사람의 공격 앞에 정면 대응을 하지 못한 채 한숨과 탄식으로 살아갈 때가 많다. 그러나 예수님은 "온유한 자가 땅을 기업으로 받을 것이다"고 말씀하신다. 이 땅은 강남 금싸라기 같은 그런 땅이 아니다. 이 땅은 하나님과 영원히 함께 사는 영원한 땅이요 최고의 땅이다.

비록 지금은 불의한 자들이 땅을 차지하고 있지만 궁극적으로는 하나님의 백성이 차지할 것이다. 하나님 나라를 거부하는 세상 사람들은 결국 이 땅에서 뽑힐 것이며, 하나님의 백성이 새 하늘과 새 땅을 기업으로 받을 것이다. "대저 정직한 자는 땅에 거하며 완전한 자는 땅에 남아 있으리라. 그러나 악인은 땅에서 끊어지겠고 간사한 자는 땅에서 뽑히리라"(잠 2:21-22).

우리 모두는 온유하신 주님을 본받아 이 땅에서 온유한 자가 되어야 한다. 불의한 현실을 바라볼 때 세상 사람이 하듯이 강포한 반응을 나타내며, 악을 악으로 갚아서는 안 된다. 우리 주님처럼 악을 선으로 갚음으로 강포한 세상을 정죄하며, 이 땅의 거친 문화를 그리스도가 꿈꿨던 부드러운 문화로 바꿔야 한다.

- 악인이 패배할 것을 믿는다면 나는 악인의 번영을 어떻게 바라보아야 하겠습니까?

예수님은 여기서 다시 한번 복에 대한 상식을 깨는 역설적인 진리를 말씀하십니다. 이 땅에서는 힘 있고 포악한 사람이 땅을 차지하고 번영합니다. 그러나 하나님께서 그들을 뿌리 뽑으실 것이고 온유한 자들에게 그 땅을 주실 것입니다. 그러니 이 땅에서 강포함을 버리고 온유함을 따르기 바랍니다. 그래서 하나님이 주시는 땅을 소유하는 복을 누리기 바랍니다.

## 한 주간 약속

소그룹에서 서로 토의하여 자유롭게 만들어 봅시다.
예) 억울한 일을 당할 때 가장 먼저 하나님께 달려가기.

## Lesson 4
# 의에 주리고 목마른 자의 복

마태복음 5:6
**찬양을 드리며:** 맘 가난한 사람(427장) / 예수 따라가며(449장)
**주간 약속 나누기:** 한 주간의 약속을 나누고 서로의 모습을
있는 그대로 받아 주세요.

## 마음열기

탄탈루스(Tantalus) 왕 이야기를 아십니까? 탄탈루스 왕이 먹
으면 늙지도 않고, 죽지도 않는다고 하는 제우스 신의 음식을 훔
쳐 먹었습니다. 결국 그가 벌을 받았는데, 눈앞에 있는 물컵을 잡
으려고 하면 컵이 뒤로 가고, 나무에 열린 과실을 먹으려고 손을
내밀면 그 나무 과실이 하늘로 올라가 버리는 것이었습니다. 그
토록 갈망하지만 하나도 가지지 못하는 상태로 영원히 고통 받
아야 했습니다. 이 탄탈루스의 신화에서 '탠털라이즈(Tantalize)'
라는 영어 단어가 생겼는데, 그 뜻은 '감질 나는, 애간장을 태우
는'입니다.

- 오늘날 사람들이 쉬지 않고 추구하는 것은 무엇입니까? 추
  구하는 걸 얻었는데도 더욱 주리고, 갈증 나게 하는 것이 있
  습니까?

# 성경과의 만남

예수님은 팔복의 네 번째 복에서 우리가 진정으로 배고파하고 목말라해야 할 것이 무엇인지를 말씀하십니다. 오늘날 수많은 사람들이 이 세상으로부터 만족과 평안, 그리고 충족을 누리려고 합니다. 하지만 세상은 우리에게 영원한 만족, 영원한 평안, 영원한 충족을 결코 줄 수 없습니다. 오늘 예수님이 말씀하시는 네 번째 복을 통해 의에 주리고 목마른 자가 어떤 사람인지, 그리고 이들에게 약속된 복이 무엇인지를 배워보도록 하겠습니다.

## 1. 의에 주리고 목마른 사람은 어떤 사람입니까? (마 5:6)

➜ 의로운 하나님을 사모하고 하나님의 의를 이루는 사람입니다.

**해설** 여기서 말하는 주림과 목마름은 조금 시장기를 느끼는 정도, 갈증이 나는 정도가 아니다. 배고파 죽어가는 사람이 빵 한 조각을 찾듯이, 목말라 죽어가는 사람이 한 방울의 물을 애걸하는 모습이다. 그렇다면 그토록 구하는 '의'는 무엇인가? 하나님이 보시기에 옳은 것, 의로운 것, 합당한 것을 가리킨다.

사실 천국 백성은 하나님 앞에서 의로운 일을 위해 애쓰고 힘쓴다. 그러나 이 세상은 악하여 공의가 실현되지 못하고 도리어 의인이 고난당하고 억울한 일을 당한다. 이럴 때 하나님의 백성이 할 수 있는 유일한 일이란 공의로운 재판장이신 하나님께 호

소하고 하나님께서 정의로운 판결을 내려주시길 간구하는 것이
다. 다시 말해 하나님 나라가 이 땅에 속히 이루어지길 바라는 것
이다. 바로 이것이 하나님이 우리에게 요구하시는 참된 의이다.

• 하나님이 요구하시는 의를 이루고자 어떤 노력을 하고 있습
  니까? 혹시 세상이 원하는 의의 기준 정도로 생각하고 있지
  는 않습니까?

## 2. 의에 주리고 목마른 자가 받을 복은 무엇입니까? (마 5:6)
➔ 하나님께서 세상이 줄 수 없는 만족으로 보상하십니다.

**해설** 여기서 중요한 것은 하나님에 의해 '채워지고,' '만족하
게' 된다는 것이다. 이것은 하나님께서 가장 좋은 것으로 채워주
실 것이라는 믿음의 고백이다. 의를 위해 노력하고, 이 세상의 불
의와 싸우는 사람은 공중 권세 잡은 사탄과 그 졸개들에 의해 손
해를 보고 어려움을 당할 때가 많다. 그렇지만 더 권세 있으신 하
나님께서 그냥 내버려두지 않으시고 가장 좋은 것으로 채우실 것
이라 약속하신다. 무엇으로 채워지고 배부를 것인지 분명하지는
않다. 팔복의 전반부를 생각해 볼 때 '천국' 혹은 '땅을 기업으로
얻는 복' 등이 아닐까 싶다. 그러나 분명한 것은 하나님의 의를 추
구하는 자는 반드시 하나님에 의해 만족을 얻게 된다는 것이다.
  꼭 기억할 것은 바로 천국의 원리가 '부익부 빈익빈,' '찾는 이

가 찾는다'는 것이다. 이것은 꼭 천국과 어울리지 않아 보인다. 그러나 분명히 천국의 원리이다. 하나님의 의를 갈망하면 할수록, 하나님 나라를 찾으면 찾을수록 더욱 누릴 것이다. 반대로 거부하면 거부할수록 천국에서는 자리가 없을 것이다. 따라서 우리 모두는 날마다 '의'에 주리고 목말라 해야만 한다. 그럴 때 하나님께서 하늘로부터 생명의 양식과 생수를 부어 주시고 그것을 먹은 자들은 더욱더 하나님과 그 의를 사모하게 된다.

세상의 것은 갈망하면 갈망할수록 바닷물을 먹은 것같이 더 목마르게 된다. 세상의 것은 본질적으로 허망하고 영원하지 않기 때문이다. 그러나 영원한 하나님 나라와 그분의 의는 우리에게 배부름을 선사할 것이다.

• 하나님이 기뻐하지 않는다면 세상의 복을 포기할 준비가 되어 있습니까?

하나님 백성이 무엇을 욕망하겠습니까? 무엇으로 우리의 욕망이
채워질까요? 세상의 것은 잠시 잠깐입니다. 마치 목마른 중에 마
시는 바닷물과 같습니다. 오직 하나님께서 채워주시는 것으로 만
족하게 됩니다. 하나님의 의를 좇을수록 더욱 풍성하게 채워질 것
입니다. 지금 무엇을 욕망하고 있습니까? 오직 하나님의 의에 주
리고 목말라하기 바랍니다.

· 한 주간 약속 ·

소그룹에서 서로 토의하여 자유롭게 만들어 봅시다.
예) 의에 주리고 목마른 심정으로 매일 30분 이상 기도하고, 30
　　분 이상 말씀 묵상하기.

Lesson 5

# 긍휼히 여기는 자의 복

마태복음 5:7

**찬양을 드리며:** 맘 가난한 사람(427장) / 내 모든 소원 기도의 제목(452장)
**주간 약속 나누기:** 한 주간의 약속을 나누고 서로의 모습을
있는 그대로 받아 주세요.

# 마음열기

몇 해 전 서울 소재 한 특수학교에서 있었던 일입니다. 지적장애, 자폐성 장애를 앓는 학생들을 대상으로 사회 복무 요원이 몇 년간 학대를 저질러 왔습니다. 고추냉이, 고추장을 억지로 먹이고 캐비닛 안에 가두거나 머리나 배 등을 주먹으로 폭행했습니다. 공익 제보자의 제보로 밝혀진 이 사건은 많은 이들에게 충격을 주었습니다. 장애학생을 대상으로 입에 담지 못할 범죄를 저지른 일명 "도가니" 사건 이후로 우리 사회가 조금은 달라졌다고 생각했지만 그렇지 못한 현실이 씁쓸합니다.

• 장애인, 외국인 노동자 같은 약자에 대한 우리 사회의 시선
  은 어떻습니까?

# 성경과의 만남

2000년 전 예수님 당시 사회는 긍휼함보다는 비정함이 가득했습니다. 유대인들은 율법을 지킨다는 구실 아래 이방인들을 불쌍히 여기지 않았습니다. 로마 제국의 비정함은 많은 문학 작품과 역사적 기록에서 확인됩니다. 참으로 사람이 짐승보다 더 포악했습니다. 이런 사회적인 분위기 속에 예수님은 사람들에게 외쳤습니다. "긍휼히 여기는 자는 복이 있나니 그들이 긍휼히 여김을 받을 것임이요." 오늘 말씀을 통해 긍휼히 여기는 자가 누리게 될 천국의 복이 무엇인지 알아보도록 하겠습니다.

## 1. 하나님의 긍휼을 깨달은 자는 어떻게 행동합니까? (마 5:7)

➜ 남을 관대하게 용서하고 동정해야만 합니다.

**해설** 예수님이 여기서 복이 있다고 선언하시는 긍휼히 여기는 마음은 1년에 한 번 정도 구세군 자선냄비에 돈을 기부하고 스스로 만족하는 정도가 아니다. 매일매일 불쌍한 사람을 향해 긍휼히 여기는 마음을 가지는 것, 그리고 그 마음을 구체적으로 실천하는 것이다. 이것은 내가 여유 있다고 할 수 있는 것이 아니다. 하나님 앞에 자신이 보잘 것 없는 존재요 비참한 존재라는 것을 먼저 깨달을 때에만 비로소 가능하다.

긍휼히 여기는 마음은 내가 원한다고 가질 수 있는 것이 아니다. 긍휼을 보이신 분을 먼저 보아야 하고, 그분께서 채워주시는 사랑이 있을 때 비로소 긍휼히 여길 수 있다. 긍휼을 보이신 분이 누구인가? 바로 자기를 비워 낮아지셨고 원수 같은 우리를 대신해 고통과 죽임 당하신 예수님이다. 그분의 긍휼하심을 보고 깨달을 때 우리도 그분처럼 긍휼히 여길 수 있다.

• 내가 오늘 주님이 주신 마음으로 긍휼히 여길 사람은 누구입니까? 그 사람에게 어떻게 긍휼을 베풀 수 있겠습니까?

## 2. 긍휼히 여기는 자가 받을 복은 무엇입니까? (마 5:7)
➜ 하나님의 마음을 가지게 되며, 하나님이 우리를 긍휼히 여겨주십니다.

**해설** 예수님께서 긍휼을 베푸는 자에게 약속하신 복이 무엇인가? 첫째, 긍휼히 여기는 사람은 하나님의 마음을 가지게 된다. 이는 긍휼히 여기는 마음의 원천이 하나님께 있기 때문이다. 이러한 하나님의 마음을 소유한 사람에게는 세상이 주는 일시적인 평안이 아니라 영원한 평안을 누리게 된다. "긍휼히 여김으로 하나님과 우리를 연합된다"는 윌리엄 바클리의 말처럼, 우리가 형제자매를 긍휼히 여기면 하나님과 내가 하나가 되는 놀라운 영광을 누릴 것이다.

둘째, 우리가 하나님으로부터 긍휼히 여김을 받게 된다. 우리가 불쌍한 이웃을 위해 작은 긍휼이라도 베풀면 하나님은 그것을 다 기억하시고 갚아주실 것이다. 주님께서는 "너희가 여기 내 형제 중에 지극히 작은 자 하나에게 한 것이 곧 내게 한 것이니라"고 말씀하신다(마 25:40). 따라서 불쌍한 자를 보고 불쌍히 여기는 것은 천국 백성의 마땅한 태도이자 의무이다. 주님은 우리가 이웃을 불쌍히 여긴 것으로 인해 마지막 심판대에서 우리를 변호하실 것이다. 이것이 바로 긍휼을 베푸는 자가 누리는 영원한 복이다.

매정함과 잔인함이 소용돌이치고 있는 이 악한 세상을 치유하고 평화를 전할 수 있는 사람은 하나님의 긍휼을 체험한 그리스도인밖에 없다. 십자가에서 자기 몸과 피를 완전히 내어주신 예수님의 긍휼만이 병든 우리 사회를 치유할 수 있다. 따라서 우리는 고통과 절망 속에 빠진 사람들을 그리스도 앞으로 인도하여 하나님의 긍휼을 체험케 해야 한다. 우리가 베풀 수 있는 최고의 긍휼이다.

- 나는 지극히 작은 자에게 하는 것이 주님께 하는 것임을 확신합니까? 우리 가정, 구역 그리고 교회에서 지극히 작은 자는 누구입니까?

매정함과 비정함, 그리고 잔인함과 같은 단어는 하나님의 단어가 아닌 사탄의 단어입니다. 하나님의 단어는 긍휼함입니다. 만일 하나님께서 긍휼하지 않고 매정한 분이셨다면 우리는 영원한 심판에서 벗어나지 못했을 것입니다. 그러니 긍휼함을 받은 자로서 도움을 구하는 사람에게 매정함, 비정함, 잔인함을 보이지 말고 긍휼함을 보이기 바랍니다.

• 한 주간 약속 •

소그룹에서 서로 토의하여 자유롭게 만들어 봅시다.
예) 이번 한 주 내가 긍휼히 여길 사람을 정하고, 구체적인 방법으로 그 사람을 섬기기.

Lesson 6

# 마음이 청결한 자의 복

마태복음 5:8

**찬양을 드리며:** 맘 가난한 사람(427장) / 너 성결키 위해(420장)

**주간 약속 나누기:** 한 주간의 약속을 나누고 서로의 모습을
있는 그대로 받아 주세요.

## 마음열기

탄광촌을 방문한 어느 젊은 목사가 어둡고 더러운 갱 안에서 아름답고 하얀 꽃을 발견했습니다. 그 목사는 "어떻게 이 시커먼 탄광에서 이같이 깨끗하고 아름다운 꽃이 피고 있습니까?"라고 광부에게 물었습니다. 광부가 "탄가루를 그 꽃에 부어보십시오"라고 대답했고 목사가 그렇게 했습니다. 놀랍게도 탄가루가 꽃잎에 닿자마자 가루들이 바닥으로 떨어졌고 그 꽃은 그대로 있었습니다. 꽃잎이 너무나 매끄러워 탄가루가 꽃잎에 붙지 못했던 것입니다. 우리 마음은 이렇게 청결을 유지하고 있습니까? -빌리 그래함의 예화 중에서-

• 무엇이 내 마음을 더럽힙니까? 혹시 나는 그것을 버리기를
  주저하지 않습니까?

# 성경과의 만남

예수님께서 여섯 번째 복을 선언하십니다. "마음이 청결한 자는 복이 있나니 그들이 하나님을 볼 것임이요." 우리가 세상 사람과 구별되는 특징 중 하나가 하나님을 볼 수 있는 눈을 가지고 있다는 것입니다. 이는 육신의 눈을 가리키는 것이 아닙니다. 그렇다고 명상 같은 것으로 보는 것을 가리키지도 않습니다. 바로 마음의 눈을 말합니다. 마음의 눈으로 하나님을 볼 수 있는 것은 아무에게나 주어지는 것이 아닙니다.

## 1. 어떤 사람에게 하나님은 복이 주어집니까? (마 5:8)
➜ 마음이 청결한 사람입니다.

**해설** 먼저 청결한 마음은 죄를 멀리하는 마음이다. 마음을 더럽히는 것이 바로 죄이다. 겉으로 누추해 보이고 비천해도 괜찮다. 그런데 탐욕이나 불법으로 마음이 계속 더럽혀져 있으면 안 된다. 그것은 청결한 마음이 아니다. 둘째, 나뉘지 않은 마음, 다시 말해 이중적이지 않은 마음이다. 예수님께서는 두 주인을 섬길 수 없다고 경고하셨다(마 6:24). 앞뒤가 다른 마음은 청결한 마음이 아니다. 오직 하나님만 바라는 마음이 청결한 마음이다.

한 가지 더 기억할 것은 마음이 청결하다는 것은 외적인 면에서 깨끗한 자와 대비된다. 예수님 당시에 외적으로 깨끗한 자는 바로 서기관들과 바리새인들이었다. 그들은 율법이 정한 정결 예식을 철저하게 지켰다. 이들은 외적인 면에 있어서 그 누구보다도 깨끗하고 경건한 사람이었다. 그러나 주님은 그들 속에 "탐욕과 방탕으로 가득"하다고 말씀하셨다(마 23:25). 겉은 청결했으나 속은 청결하지 못했던 것이다. 예수님께서는 이렇게 외식하는 사람들은 하나님의 백성이 될 수 없고, 하나님을 볼 수도 없다고 선언하셨다. 그들은 하나님 앞에 마음이 깨끗하지 못했고 결과적으로 사람들을 속이는 자들이었다. 그러나 하나님 앞에 청결한 마음을 가진 사람은 다른 사람에게도 깨끗한 행동을 보인다.

- 나는 외적인 면을 깨끗하게 하는 일에 얼마의 시간과 노력을 기울입니까? 내면의 깨끗함을 위해서도 노력합니까?

## 2. 마음이 청결한 자가 받을 복은 무엇입니까? (마 5:8)

➜ 세상이 감당치 못할 하나님을 보는 복을 누리게 됩니다. 이것은 하나님을 알고 하나님의 백성이 된다는 뜻입니다.

**해설** 꿈이나 환상 중에 하나님을 보거나, 명상 같은 것으로 하나님을 볼 수 있다는 것으로 오해하기 쉽다. 그러나 이 복은 그런 특별한 신비적인 체험을 말하는 것이 아니다. 팔복 말씀이 천국 백성의 일상과 원리를 가르친다는 것을 다시 한번 기억해야 한다.

마음이 청결해서 하나님을 보는 복을 누리는 천국 백성은 두려울 것이 없다. 왜냐하면 우리가 보는 하나님께서 천지만물을 창조하시고 인간의 생사화복을 좌우하시기 때문이다. 그분께서 밤낮으로 보살펴 주시는 것을 볼 수 있으니 든든하게 살 수 있다. 비록 겉으로는 누추하고 갖추지 못한 것이 많더라도 마음이 청결할 때 누리는 복이 더욱더 크다.

마음이 청결하여 하나님을 날마다 보고 사는 인생처럼 행복한 인생은 없다. 이런 사람을 악한 세상이 감당할 수 있을까? 이 사람이 절망하거나 좌절할 수 있을까? 또한 불평과 불만을 늘어놓을 수 있을까? 내 죄를 철저히 미워하고, 하나님의 마음이 내 마음이 되고, 내 마음이 하나님 마음이 되는 복을 우리가 이 땅에서 누린다면, 이미 우리는 장차 완성될 하나님의 나라를 미리 맛보고 사는 것이다.

• 내가 요즘 두려워하는 것은 무엇입니까? 하나님을 소유한 자로서 이러한 두려움이 어떻게 변해야 할까요?

## 정리하기

예수님의 보혈로 우리 마음이 청결하게 되어 하나님을 바라볼 수 있게 되었습니다. 그렇다면 이제 무엇을 해야 하겠습니까? 당연히 청결한 마음을 유지해야 합니다! 죄가 틈타지 않도록 주의해야 하고, 겉으로 하는 행동과 속마음이 똑같이 청결해야겠습니다. 그럴 때 세상이 우리를 감당하지 못할 것입니다. 이런 멋진 인생을 살아가기 바랍니다.

## 한 주간 약속

소그룹에서 서로 토의하여 자유롭게 만들어 봅시다.
예) 마음의 청결함을 이루기 위해 정리하고 버려야 할 것 두 가지만 정하기, 세상을 두려워하기보다 하나님이 나와 함께하심을 믿고 당당하게 말하고 행동하기.

# 화평하게 하는 자의 복

마태복음 5:9

**찬양을 드리며:** 맘 가난한 사람(427장) / 내 맘에 한 노래 있어(410장)

**주간 약속 나누기:** 한 주간의 약속을 나누고 서로의 모습을

있는 그대로 받아 주세요.

# 마음열기

책『전능자의 그늘』과 영화 <창 끝>(End of The Spear)에 나오는 아우카 부족은 참 잔혹한 부족이었습니다. 짐 엘리엇과 그의 동료들은 아우카 부족에 복음을 전하려다 도리어 그들에게 피살당했습니다. 엘리엇과 동료들이 총을 소지했음에도 불구하고 순교를 택했다는 것이 참 놀랍습니다. 그러나 더 놀라운 일이 일어났습니다. 엘리엇과 동료들의 부인과 자녀가 그 부족에 다시 선교하러 떠난 것이었습니다. 30년간 그들은 부족들과 함께 지냈고 복음을 전했습니다. 마침내 그 부족이 복음을 받아들였고 잔혹한 다툼이 서서히 사라지기 시작했습니다.

• 나는 모임에서 화평케 하는 사람입니까, 아니면 갈등을 일으키는 사람입니까?

# 성경과의 만남

흔히 인류의 역사를 전쟁의 역사라고 부르기도 합니다. 그만큼 전쟁이 끊이지 않았습니다. 전쟁이 일어나면 많은 사람이 생명을 잃거나 부상을 당해 평생을 불구로 살아가기도 합니다. 또 전쟁이 휩쓸고 지나갈 때 어린이, 여성, 노인들은 더욱더 큰 고통을 받습니다. 물론 무기와 군대를 사용하는 그런 전쟁 말고도 우리 일상에서 일어나는 다툼과 분쟁 역시 큰 고통을 줍니다. 성경은 이렇게 분쟁하는 세상에서 그리스도인에게 화평하게 하는 사명이 있음을 말씀합니다. 또 화평하게 하는 이에게 복이 있음을 선언합니다.

## 1. 화평하게 하는 자는 어떤 사람입니까? (마 5:9)

➜ 악을 악으로 대하지 않고, 화평을 위해 애쓰는 사람입니다.


**해설** 영어 성경은 화평하게 하는 자를 분쟁하는 두 사람 사이에서 조정하는 피스메이커(peace-maker, 중재자) 정도로 번역한다. 물론 분쟁이 일어난 사람들 사이에서 중재하는 것도 중요하지만, 문제는 중재자는 당사자가 아닌 제삼자이다. 그러나 예수님이 말씀하신 화평하게 하는 사람은 이 세상에서 직접 환난과 어려움을 당하는 사람이다. 즉 주위 사람들로부터 악한 일을 당하며 도발을 당하더라도 거기에 대해 일절 대항하거나 보복하지 않고, 도리어 화평하려고 애쓰며 사랑하는 사람이다. 예수님의 말씀처럼 오른편 뺨을 치는 자에게 왼편 뺨을 돌려대며, 원수를 사랑하며 핍박하는 사람을 위해 기도하는 자이다(마 5:39, 44). 바울도 "아무에게도 악을 악으로 갚지 말고 모든 사람 앞에서 선한 일을 도모하며, 할 수 있거든 모든 사람과 더불어 화목하는 사람"을 말한다(롬 12:17-18).

예수님은 이런 사명이 천국 백성에게 주어졌다고 한다. 그러나 아무리 생각하고, 다짐해도 이 일을 우리가 감당할 수 없다. 죄성이 아직 남아 있는 인간이 이런 일을 정녕 할 수 있을까? 그런 점에서 우리는 십자가 복음을 계속 묵상해야 한다. 예수님께서 십자가에서 죽으심으로 하나님과 사람 사이를, 사람과 사람 사이를 화평하게 하셨다. 십자가 복음의 능력만이 원수된 것을 소멸시킨다. 우리가 하나님과의 수직적인 화평을 먼저 경험할 때 성령님께서 도우신다. 전에는 도무지 할 수 없었지만 이제는 성령님께서 도우셔서 분내지 않고 다툼과 분쟁을 멈출 수 있다.

- 하나님이 주신 화평하게 하는 사명을 실현해야 할 장소는 어디입니까? 혹시 내가 공동체에서 갈등을 일으키는 사람은 아닙니까?

## 2. 화평하게 하는 자가 받을 복은 무엇입니까? (마 5:9)

➜ 하나님의 아들이라 일컬음을 받을 것입니다. 이것은 구원론 맥락이 아니라 하나님의 자녀로 합당하게 인정받는다는 뜻입니다.

**해설** 반복해서 말하지만 팔복을 포함한 산상수훈은 천국 백성의 일상생활을 선언한 것이다. 그러므로 이 복을 죄인에서 하나님의 자녀가 된다는 구원론 맥락으로 이해하기보다 하나님의 자녀로 합당하게 인정받는다는 뜻으로 이해해야 한다. 다시 말해 하나님의 자녀로서 합당한 사람이라고 하나님을 비롯해 주위 사람들까지도 인정한다는 뜻이다. 이미 하나님의 자녀이지만 화평하게 함으로써 더 인정받는다.

하나님의 자녀요 천국 백성인 우리는 아버지를 닮아 그분처럼 행동해야 한다. 하나님께서는 악한 자에게나 선한 자 모두에게 고루 햇빛을 주신다. 또 의로운 자에게나 불의한 자 모두에게 비를 내려 주신다. 사랑이 많으시고 평화를 주시는 분이시다. 아버지의 성품을 닮아 우리도 악을 선으로 갚으려고 애쓰며, 좋아하지 않는 사람도 사랑하기 위해 노력해야 한다.

213

• 나는 평화의 대사로서 악을 선으로 바꾸는 사명을 잘 감당하고 있습니까?

## • 정리하기 •

때로 화평하게 하는 노력이 수포가 되는 것을 볼 때가 있습니다. 그러나 이러한 수고가 실패로 끝나지 않을 것입니다. 왜냐하면 하나님께서 반드시 그분의 자녀들을 통해 그 일을 이루실 것이기 때문입니다. 하나님께서 우리를 평화의 대사로 파송하십니다. 하나님께서 맡기신 이 일, 반드시 완수해내야 하지 않겠습니까?

## • 한 주간 약속 •

소그룹에서 서로 토의하여 자유롭게 만들어 봅시다.
예) 평화로운 구역모임을 위해 매일 10분 이상 기도하기, 구역원에게 사랑이 담긴 편지 쓰기.

Lesson 8

# 의를 위하여 박해를 받은 자의 복

마태복음 5:10

**찬양을 드리며:** 뜻 없이 무릎 꿇는(460장) / 십자가를 질 수 있나(461장)

**주간 약속 나누기:** 한 주간의 약속을 나누고 서로의 모습을
있는 그대로 받아 주세요.

## 마음열기

겨울에는 옷을 몽땅 벗겨 눈밭을 기게 하고, 바가지로 찬물을
떠서 몸에 끼얹어 1시간 동안 밖에 세워 놓아 온몸이 동상에 걸렸
습니다. 또 전기 곤봉으로 전기를 투입, 감전시켜 정신을 잃게 만
들었습니다. 톱을 주지 않고 도끼로 직경이 60cm 이상 되는 나
무를 하루에 15개씩 찍어야 했습니다. … 하지만 가장 고통스러
웠던 것은 하나님 계시는 하늘을 향해 눕지 못하고, '하나님'이란
말을 못하게 한 것입니다.

　- 북한 지하교인 김철혁(가명·33)이 보낸 편지 -

• 주변에 복음 때문에 고통 당하는 사람이 있습니까? 그들을
위해 잠시 기도하십시오.

# 성경과의 만남

팔복의 마지막은 "의를 위하여 박해를 받은 자는 복이 있나니 천국이 그들의 것임이라"입니다. 박해를 '받은' 자로 번역되어 있지만 의미상으로는 박해를 '받는' 자로도 충분히 이해할 수도 있습니다. 의를 위해 실제로 피해 받은 사람에게 복이 있다는 선언입니다. 이들이 받는 복은 천국이 그들의 소유가 되는 것인데, 이 복은 첫 번째로 나온 심령이 가난한 자에게 주어지는 복과 같습니다. 따라서 팔복은 앞뒤가 똑같은 수미상관 형태를 띠고 있으며 서로가 긴밀히 연결되어 있음을 알 수 있습니다.

## 1. 모든 박해 받음이 귀합니까? (마 10:16)
➡ 무가치한 박해가 있습니다. 죄 때문에 당하는 고난도 있고 하나님께서 주신 지혜를 사용하지 않아서 당하는 고통도 있습니다.

**해설** 어떤 사람들은 광신적인 믿음 때문에 박해를 받거나 스스로 괴롭히기도 하는데 이는 주님이 원하시는 모습이 결코 아니다. 천국 백성은 이 땅에 존재하는 동안 하나님의 의가 손상되지 않는 한도에서 이 세상의 법에 순종해야 한다. 정상적인 국가와 직장, 가정, 그리고 교회에서의 사명을 잘 감당해야만 한다. 이런 사명을 망각하고 모든 박해를 의를 위한 박해라고 착각해서는 안 된다. 우리는 하나님이 주신 지혜로 무가치한 박해를 처음부터 피해야 한다.

- 나는 박해가 올 때 뱀처럼 지혜롭게, 비둘기처럼 순결하게 대처합니까?

## 2. 어떤 이유로 박해를 받을 때 복이 있습니까? (마 5:10)
➔ 의를 위해 박해를 받을 때 복이 있습니다.

**해설** "의를 위하여 받은 박해"는 "그리스도를 인하여," "그리스도의 이름을 인하여," 또는 "복음을 인하여" 박해를 받는다는 말과 같다. 베드로 사도의 표현을 빌린다면 '선을 행함으로 받는 고난'이며 이는 하나님 앞에서 의롭다(벧전 3:17). 의를 위하는데 왜 박해받을까? 아직 이 세상에 죄가 있고 불의하기 때문이다. 모두가 불의를 행하는데 천국 백성 홀로 의를 행한다. 천국 백성이 티가 날 수밖에 없다. 그 불의한 자들이 의로운 자들을 이상하게 생각하고 시기하며, 심지어 괴롭히기까지 한다. 의와 죄는 함께 할 수 없는 상극이기 때문이다.

217

- 나는 하나님의 의를 이루고자 하는 열심 때문에 지금 박해를 받고 있습니까? 만일 박해가 없다면 왜 그렇다고 생각합니까?

### 3. 의를 위해 박해를 받은 자가 받을 복은 무엇입니까? (마 5:10)

➜ 그들이 천국을 소유하게 됩니다. 이는 심령이 가난한 자가 받을 복과
동일합니다.

**해설** 이미 하나님의 자녀요 천국 백성인데 또다시 천국을 언급하시는 이유가 무엇일까? 여기서 말하는 천국은 우리 마음에 하나님께서 임재하신다는 것을 뜻한다. 주님이 다스리는 나라가 내 마음에, 내 심령에 임한다. 내세에서뿐만 아니라 현세에서까지 그 기쁨을 누리게 된다. 박해 받는 것, 고난 받는 것이 즐거울 리가 없다. 그러나 주님께서 걸어가셨고 믿음의 선배들이 걸어갔듯이, 그 길로 걸어갈 때 천국의 기쁨이 주어질 것이다.

• 나는 하나님 나라의 다스림을 잘 받고 있습니까? 하나님 나라의 다스림을 거부하고 있는 부분이 있지는 않습니까?

## 정리하기

비록 힘들어 피하고 싶은 길이지만 천국을 기대하며 우리 앞에 펼쳐진 믿음의 경주를 달려갑시다. 주님과 믿음의 선진들이 우리를 응원하고 있습니다(히 12:1). 그런데 이렇게 박해 받는 것보다 더 큰 문제가 있습니다. 바로 천국 백성의 의로운 모습이 불의한 세상 속에서도 티가 나지 않을 때입니다. 우리 모습이 그렇지 않습니까? 자신의 모습을 돌아보기 바랍니다.

## 한 주간 약속

소그룹에서 서로 토의하여 자유롭게 만들어 봅시다.
예) 한 주간 하나님 나라의 의를 실현하기 위하여 한 가지 이상 고난 당하기(예: 노방 전도로 인한 멸시, 세속적 가치를 거부함으로 받는 조롱 등).

# 6단원
# 예수님의 비유

예수님은 많은 것들을 비유로 가르치셨고 "비유가 아니면 말씀하지 아니하셨다"고 말합니다(막 4:34). 왜 예수님은 비유라는 이야기 방식을 택하셨을까요? 비유는 한꺼번에 다양한 의미들을 포함할 수 있는 것일까요? 우리에게 익숙한 몇 가지 비유들의 의미는 무엇일까요? 이 단원에서는 주로 이런 내용들을 살펴보고자 합니다. 이를 통하여 우리는 하나님 나라의 새로운 차원과 그 속에서 우리의 위치와 삶, 사고방식 등을 배우게 될 것입니다.

# 예수님의 비유란 무엇인가

마태복음 13:10-17
**찬양을 드리며:** 달고 오묘한 그 말씀(200장) / 나의 사랑하는 책(199장)
**주간 약속 나누기:** 한 주간의 약속을 나누고 서로의 모습을
있는 그대로 받아 주세요.

## 마음열기

'빈익빈 부익부'라는 말이 참 아픕니다. 하지만 성경도 '빈익빈 부익부'를 가르친다는 사실, 혹시 알고 계셨습니까? 물질적인 의미가 아니라 영적인 의미에서 그렇습니다. 하나님 나라는 이미 그것을 알고 체험한 자들에게는 더 밝히 드러나고, 거부하고 무시하는 자들에게는 더욱더 감추어지기 때문입니다. 오늘 나눌 '비유'는 이런 특성을 더욱 잘 드러내는 예수님의 가르치는 방법이었습니다. 비유를 듣고서 하나님 나라를 아는 자들은 30배 60배 100배의 결실을 얻을 것이고 하나님 나라를 모르거나 거부하는 자는 모든 것을 빼앗기게 될 것입니다.

• 예수님은 왜 비유를 들어 설명하셨을까요?

# 성경과의 만남

마태복음에는 5-7장 산상설교를 비롯해 예수님의 가르침이 크게 다섯 개로 묶여 있습니다. 그중 13장은 예수님의 비유가 담겨 있습니다. 13장에는 모두 여덟 개 비유가 소개되는데, 모두가 천국과 관련되어 있습니다. 대부분 이 비유들은 "천국은 마치 ~과 같으니"라는 도입구로 시작합니다. 네 가지 밭에 떨어진 씨의 비유는 예외이지만, 이 비유 역시 "천국 말씀"이 주제입니다. 예수님은 "이 모든 것을 무리에게 비유로 말씀하시고 비유가 아니면 아무 것도 말씀하지 아니하셨다"(마 13:34)고 하는데, 왜 예수님은 비유라는 방식으로 말씀하셨을까요?

## 1. 예수님께서 비유로 무엇을 가르치셨습니까? (마 13:11)

➔ 비유는 하나님 나라를 드러내는 가르침의 방식입니다.

**해설** 예수님의 비유가 매우 일상적이고 쉬운 소재들로 전달되지만 그렇다고 해서 비유가 쉽다고 말할 수는 없다. 사람들은 비유를 단순히 어려운 것을 쉽게 설명하기 위한 가르침의 방식이라고 생각한다. 하지만 그렇게 간단하지 않다. 비유가 나타내는 하나님 나라 자체가 설명의 대상이 아니기 때문이다. 하나님 나라는 설명을 통해 이해되고 들어갈 수 있는 그런 곳이 아니다. 아무리 쉽게 이야기해도 귀와 눈이 닫혀 있어 그 나라와 멀어지는 사람들이 있는가 하면, 천국의 비밀을 알기 때문에 비유를 듣고선 그 나라의 풍성함을 누리는 사람들이 있다. 예수님의 비유가 이런 구분을 만들어 낸다. 그러므로 우리는 단지 청각으로만 비유를 들으려 할 것이 아니라, 영혼의 귀를 동원하여 믿음으로 들어야 한다.

• 성경에서 말하는 비유는 무엇을 드러내고 있습니까?

## 2. 예수님의 비유가 가지는 특징은 무엇입니까? (마 13:13)
➜ 예수님의 비유는 감추는 것이 특징입니다.

**해설** 예수님은 "천국의 비밀"을 아는 "너희" 곧 제자들과, 이 비밀을 알지 못해 그를 반대하고 배척하는 "그들"을 명확하게 구분하신다. "너희"는 비유 속에 나타난 하나님 나라를 더욱 깊이 깨닫고 누리는 반면, "그들"은 같은 비유 말씀을 듣고도 정반대의 결과에 이른다. 예수님 스스로 비유로 말씀하시는 이유를 "그들이 보아도 보지 못하며 들어도 듣지 못하며 깨닫지 못함이니라"고 밝히셨다. 이미 막혀 있는 그들의 마음이 비유의 말씀을 통해 더 돌이킬 수 없이 막히게 되어 버렸다. 결국 비유의 열쇠 되시는 예수님 자신을 이해하지 못하면 하나님 나라의 비밀을 알 수도 없고 비유의 오묘함도 알 수 없다. 예수님을 믿음으로 깨달음의 열쇠를 가진다는 것이 얼마나 복된 일인가?

- 어떤 사람들에게는 하나님 나라가 감추어지는 이유는 무엇입니까? 이런 사람들이 주위에 있습니까?

## 3. 예수님께서 누구에게 복이 있다고 선언하십니까? (마 13:16)

➜ 예수님의 비유를 듣고 깨닫는 자가 복이 있습니다.

**해설** 예수님은 문자적으로 볼 때 그 쉬운 비유의 말씀을 하셔도 그 마음이 봉해져 있어서 듣지도 보지도 못하는 사람들이 많다는 것을 지적하셨다. 그래서 듣는 사람들과 듣지 못하는 사람들의 격차는 비유 말씀으로 인해 더욱 벌어질 것이다. 예수님은 듣고 보는 "너희" 곧 제자들이 얼마나 복된 사람들인지를 상기시키신다. 왜냐하면 그들은 옛 시대의 선지자들과 의인들이 그토록 보기를 갈망하였고 기다렸던 메시아의 시대에 참여하는 사람들이 되었기 때문이다.

- 하나님의 말씀을 더 잘 이해하기 위해 나는 어떤 노력을 합니까?

비유는 이 비밀을 드러내는 통로입니다. 예수님의 비유가 쉬워 보이지만 마음이 닫힌 이들은 깨닫지 못합니다. 그러나 오신 메시아 예수 그리스도를 믿는 사람들에게는 "천국의 비밀"이 허락되었습니다. 그 안에서 주님의 비유의 말씀들은 즐거운 은혜의 잔치요 향연입니다. 앞으로 비유들을 살펴보면서 풍성한 천국의 은혜를 누리시기 바랍니다.

소그룹에서 서로 토의하여 자유롭게 만들어 봅시다.
예) 말씀을 더욱 잘 깨달을 수 있도록 노력하기(예: 질문하기, 독서하기, 기도하기).

# 네 가지 밭의 비유

마태복음 13:3-9, 18-23

**찬양을 드리며:** 주의 말씀 듣고서(204장) / 주 음성 외에는(446장)

**주간 약속 나누기:** 한 주간의 약속을 나누고 서로의 모습을
있는 그대로 받아 주세요.

## 마음열기

중간고사가 끝난 뒤 한 초등학교 교실. 교사는 최선을 다해야
훌륭한 사람이 될 수 있다는 교훈을 주기 위해 "토끼와 거북이"
이야기를 했습니다. 이야기를 마무리하며 "우리 친구들도 쉬지
말고 끊임없이 그리고 열심히 공부해야 한다!"하자 아이들이 크
게 "네!" 했습니다. 이어서 선생님이 "다음 기말고사 시험 잘 칠
수 있겠지?"하자 아이들이 "네!" 대답했습니다. 바로 그때 꼴등
학생이 손을 번쩍 들며 하는 말. "음 … 쉬는 시간인데 쉬었다 수
업하면 안 되나요?" 아무리 좋은 조언이라도 듣는 사람의 마음에
따라 그 효과는 천차만별입니다.

• 나는 어떤 마음가짐으로 성경을 읽습니까?

227

# 성경과의 만남

"땅에 뿌려진 씨" 비유는 다른 복음서에도 나옵니다(막 4:1-9, 눅 8:4-8). 이 비유는 "천국 말씀"이 떨어졌을 때 실패와 성공을 대비해서 보여줍니다. 씨 자체가 동일한 능력을 가지고 있더라도 그것이 어디에 떨어지느냐에 따라 서로 다른 결과를 가져올 수 있습니다. 그런 점에서 이 비유는 씨와 밭의 상호작용을 강조합니다. 중요한 것은 결실에까지 이르러야 한다는 것입니다. 예수님은 그 과정에서 일어날 수 있는 다양한 경우들을 매우 실감나게 보여주십니다. 네 종류의 밭이 있지만, 오직 한 종류의 밭에서만 성공적인 결실이 일어납니다.

## 1. 길 가에 떨어지거나 돌밭에 떨어지는 경우는 어떤 경우입니까?
   (마 13:4-6)
➜ 기회조차 가지지 못하는 경우로 가장 불행한 경우입니다.

**해설** 길 가에 떨어진 씨앗은 새들이 와서 먹어버리는데, 이 상황은 천국 말씀을 전혀 깨닫지 못한 사람들의 경우이다. 악한 자가 와서 뿌려진 것을 먹기 때문에 말씀이 역사할 기회 자체가 없다. 돌밭에 떨어진 씨앗의 경우도 크게 나을 것이 없다. 비록 싹을 내기는 하지만, 뿌리가 없기 때문에 오래 견디지 못한다. 작은 환난이나 박해에 굴복하고 결국 넘어진다. 많은 사람이 예수님의 가르침과 기적에 놀라고 환호했지만 십자가 앞에서 버리고 떠난 것과 같다. 예수님은 자기 십자가를 지지 않고 그를 따르려는 자는 제자 되기에 합당치 않다고 하셨다.

- 길 가나 돌밭에 떨어졌다는 것은 어떤 의미입니까? 길 가와 돌밭 같은 경우는 없었습니까?

## 2. 가시떨기 위에 떨어지는 경우는 어떤 경우입니까? (마 13:7)

➜ 어느 정도 성장을 이루지만 곁에 있는 가시떨기로 인해 결실치 못하는 경우입니다.

**해설** 예수님은 이런 경우를 두고 비록 말씀을 듣기는 하나 세상의 염려와 재물의 유혹 앞에 굴하고 마는 사람이라고 풀이해 주신다. 염려와 유혹은 자라나는 싹의 기운을 막아버린다. 예수님은 하나님을 천부로 둔 그의 자녀들이 염려하지 말아야 할 것을 강하게 일러주셨다. "오늘 있다가 내일 아궁이에 던지우는 들풀 하나도 아름답게 입히시는 하나님께서 그 자녀들을 먹이고 입히지 않겠느냐?"(마 6:30) 믿음으로 하나님을 의지할 때 우리는 염려를 이길 수 있고, 또한 우리의 약점을 파고드는 유혹을 이길 수 있다. 생명의 기운이 막히지 않는 것이 영적 성장의 지름길이다.

• 가시덤불 같이 내가 하나님을 섬기는 데에 방해하는 것은 무
  엇입니까?

### 3. 좋은 땅 위에 떨어지는 경우는 어떤 경우입니까? (마 13:23)
➜ 깨닫고 결실하는 경우로 삼십에서 백배까지 결실을 맺습니다.

**해설** 좋은 땅에 그 씨앗이 뿌려졌기 때문에 결실할 수 있었
다. 하지만 어떤 씨는 처음부터 길 가나 가시떨기 속에 떨어졌으
니 결실하지 못하는 것이고, 또 어떤 씨는 처음부터 좋은 땅에
떨어졌으니 당연히 결실한 것이 아니냐며 숙명적으로 생각해서
는 안 된다. 이것은 예수님께서 네 가지 서로 다른 경우를 보여
주시려는 목적 때문에 벌어진 상황인데, 결국 말씀을 어떤 자세
로 듣느냐의 문제이다. 어느 사람도 숙명적으로 나쁜 밭 같은 것
은 없다.

• 말씀을 깨닫는 합당한 밭이 되기 위해 내가 더욱 노력해야 할
  것은 무엇입니까?

앞선 장에서 말했듯이 예수님께서 비유로 말씀하시면서, 하나님 나라를 풍성하게 누리는 자는 더욱 풍성하게 누리고 그렇지 않은 자는 전혀 누리지 못한다고 했습니다. 이 비유 역시 같은 가르침을 줍니다. 믿음과 순종으로 말씀을 듣는 좋은 밭을 가질 때 말씀은 반드시 결실합니다. 말씀을 진실하게 들어 풍성한 결실을 얻으시기 바랍니다.

## · 한 주간 약속 ·

소그룹에서 서로 토의하여 자유롭게 만들어 봅시다.
예) 말씀을 들을 때 순종하는 마음 가지기.

Lesson 3
# 겨자씨와 누룩의 비유

◆

마태복음 13:31-33
**찬양을 드리며:** 내 주의 나라와(208장) / 어둔 밤 마음에 잠겨(582장)
**주간 약속 나누기:** 한 주간의 약속을 나누고 서로의 모습을
있는 그대로 받아 주세요.

## 마음열기

서울을 가로지르는 한강은 아주 큰 강입니다. 하지만 이 거대한 강줄기의 시작은 매우 미약합니다. 발원지는 강원도 태백시 창죽동 금대봉의 검룡소인데 매우 작은 물줄기입니다. 어떻게 이 작은 물줄기가 거대한 한강을 이룰 수 있는지, 그렇게 되기까지 어떤 과정이 있는지 참 궁금합니다. 이 작은 물줄기를 통해 수도권의 수많은 사람들이 생명을 유지하는 줄 누가 짐작할 수 있겠습니까? 이처럼 아주 미미한 것들이 거대한 더미를 이루는 것은, 참으로 경이롭고 신비로울 수밖에 없습니다. 그런데 예수님께서는 하나님 나라가 이와 같다고 말씀하십니다.

• 나는 교회를 바라볼 때 건물의 크기나 교인의 숫자로 평가하지 않습니까?

# 성경과의 만남

겨자씨와 누룩 비유의 핵심은 하나님 나라의 번성입니다. 비유에서는 가장 작은 것의 가장 작은 시작과 그 반대되는 엄청나게 큰 결과를 대비시킵니다. 하나님 나라의 신비로운 측면 중 하나는 사람들이 기대하는 영광스러운 결과로부터 시작하는 것이 아니라 오히려 눈에 띄지 않는 미미한 운동으로부터 시작된다는 것입니다. 이는 당시 유대인들의 생각과 전혀 맞지 않습니다. 그러나 그들의 기대와 달리 예수님의 오심으로 임한 하나님 나라는 전혀 영광이 없는 것처럼 시작하지만 가장 놀라운 영광을 간직합니다.

## 1. 예수님께서 천국을 무엇에 비유하십니까? 또 그 뜻은 무엇입니까? (마 13:31)

➜ 천국을 일상에서 쉽게 접할 수 있는 겨자씨로 비유합니다. 천국의 시작은 아주 작은 겨자씨처럼 미약합니다.

**해설** 겨자씨보다 더 작은 씨앗이 얼마든지 있을 수 있다. 여기서 예수님의 관심은 식물학적인 것이 아니라, 보통 사람들이 이해하는 범주 속에서 한 예를 들어 그 마지막의 큰 성장과 대비시킴으로, 하나님 나라의 성격이 어떤 것인지를 보여주고자 하는 데 있다. 유대인들은 하나님 나라의 마지막 번성의 상태에 대해서는 예수님과 같은 생각을 가지고 있었다. 그러나 그것이 현재에는 모든 씨보다 작은 겨자씨와 같은 모습으로 그들 가운데 임하여 있다는 것에 대해서는 생각지 못했다. 중요한 것은 "종달새의 알 속에서 종달새의 노래를 들을 수 있는" 감각이다.

- 예수님의 사역은 "천국의 미약한 시작"을 어떻게 보여주고 있습니까?

## 2. 미약하게 시작했지만 천국의 마지막은 어떻습니까? (마 13:32)
➡ 천국의 마지막은 깜짝 놀랄 만큼 영광스럽습니다.

**해설** 그토록 작은 씨앗에서 나무와 같은 결과가 나타난다는 것이 놀라울 뿐이다. 구약에서는 하나님 나라나 그 백성을 번성하는 나무에 자주 비견하는데, 예수님도 이를 염두에 두었을 수 있다. 만일 하나님 나라가 이렇게 번성한 모습으로 임했다면 사람들도 쉽게 받아들였을 것이다. 하지만 겨자씨와 같이 미미한 모습으로 다가오기 때문에 사람들은 여기에 관심을 두지 않는다. 그러나 예수님의 비유처럼 작은 것 속에서 큰 것을 보는 자가 처음부터 끝까지 하나님 나라의 영광을 누릴 것이다.

- 천국의 풍성함을 누렸던 경험이 있다면 서로 나누어 봅시다.

## 3. 천국은 또 어떤 특징이 있습니까? (마 13:33)

➔ 천국은 마치 밀가루를 거대하게 부풀리는 누룩처럼 강한 생명력을 가지고 있습니다.

**해설** 누룩 역시 눈에 띄지 않는 미미한 존재이지만, 밀가루를 부풀게 하는 강한 활력이 있다. 예수님은 여기서도 가장 작은 것과 매우 큰 것을 대비하는 과장법을 사용하셨다. "가루 한 말"은 13리터에 해당하는 양인데, 서 말이면 약 39리터나 되는 양이다. 보통 가정집이라면 1, 2리터만 해도 한 가족이 충분히 먹을 수 있을 것이다. 그런데 서 말을 이야기하고 있는 것은 그 규모를 좀 더 크게 보여주기 위함이다. 눈에 띄지도 않는 누룩이 밀가루 속에 역사하여 그것을 부풀려 놓는 역사는 매우 놀랍다. 예수님은 하나님 나라가 이와 같은 활력과 생명력을 가진다는 사실을 알려주신다.

• 비유처럼 내 주위에서 천국이 점점 더 왕성해지려면 어떤 노력을 해야 하겠습니까?

## · 정리하기 ·

예수님의 비유에 따르면 하나님 나라의 시작은 사람들이 좋아하는 웅장한 규모나 많은 규모와는 거리가 있습니다. 그래서 많은 이들이 알아보지도 못하고 관심을 기울이지도 않습니다. 이 때문에 하나님 나라의 비밀을 깨닫는 사람들이 더 복될 수밖에 없는 것입니다. 시작은 작고 보잘 것 없지만 끝내 풍성하게 되는 하나님 나라를 사모하며 누리시기 바랍니다.

## · 한 주간 약속 ·

소그룹에서 서로 토의하여 자유롭게 만들어 봅시다.
예) 지극히 작은 일도 하나님 나라를 위한 일로 여기기.

Lesson 4

# 보화와 진주의 비유

◆

마태복음 13:44-46

**찬양을 드리며:** 겸손히 주를 섬길 때(212장) / 내 평생 소원 이것뿐(450장)

**주간 약속 나누기:** 한 주간의 약속을 나누고 서로의 모습을
있는 그대로 받아 주세요.

## 마음열기

<연가시>라는 재난 영화가 있습니다. 온 나라가 기생충에게 감염되어 죽어가는 상황에서 가족들을 구하기 위해 애쓰는 가장의 모험이 주된 줄거리입니다. 연가시를 죽일 수 있는 것이 바로 구충제 '윈다졸'입니다. 언제 어디서든 구할 수 있었던 값싼 구충제가 생명을 구할 수 있는 유일한 만병통치약으로 둔갑한 것입니다. 주인공에게 이 '윈다졸'은 그 어떤 것보다도 소중해서 모든 생명을 걸어야 할 것으로 묘사됩니다. 그런데 자신의 모든 것들을 팔아서라도 약을 구하려는 그 모습이 꼭 예수님의 비유 속 모든 소유를 팔아 밭을 사려는 자와 같아 보입니다.

• 나는 하나님의 나라를 얻기 위해 무엇을 버렸습니까?

# 성경과의 만남

'밭에 감추어진 보화' 비유와 '값진 진주' 비유는 형식과 내용면에서 짝을 이룹니다. 두 비유 모두 기대치 못했던 값진 것의 발견에서 출발해 모든 소유를 팔아 그 발견한 것을 산다는 구성입니다. 밭에서 금은보화나 극상품 진주를 발견하는 것은 오늘날 로또 당첨보다 더 이상입니다. 만일 천국의 발견도 이렇게 희귀한 일이라면 천국은 그림의 떡이 되고 말 것입니다. 이 비유들의 핵심은 천국이 그렇게 찾기가 어렵다는 것이 아니라, 모두에게 제시된 천국이 그토록 귀한 것이며, 모든 것을 다 던져서라도 소유할 가치가 있다는 것입니다.

## 1. 일하던 밭에서 보화를 발견한 사람은 어떻게 행동했습니까?
### (마 13:44)

➜ 아주 귀한 것을 발견해 크게 기뻐했습니다.

해설 유대인 역사가 요세푸스에 따르면 예수님 당대에 전쟁이나 여행을 떠나는 사람들 중에 자기가 가진 값진 재물을 자기 땅에 숨겨 놓는 일이 더러 있었다고 한다. 그런데 그 사람이 전사를 하거나 객사를 해버리고, 그 숨겨 놓았던 것을 후대에 다른 사람이 우연히 발견해 그것을 자기 것으로 만들어 부자가 된 것이다. 예수님은 당시 사람들이 잘 알고 있었을 이야기를 천국과 연결시켜 비유로 발전시킨 것이다.

- '보화가 밭에 감추어져 있다'는 사실을 통해 드러나는 천국의
  특징은 무엇입니까?

## 2. 크게 기뻐한 사람이 어떻게 행동했습니까? (마 13:44)

➜ 전 재산을 팔아 보화가 숨겨진 밭을 샀습니다.

239

**해설** 아마 다른 사람들은 이 사람의 행동을 전혀 이해하지 못
했을 것이다. 밭에 숨겨진 보화를 모르기 때문이다. 그러나 그 밭
에 무엇이 있는지를 아는 사람은 다른 것이 아깝지 않다. 오직 그
밭만이 가장 귀하고, 그 밭만이 자신의 모든 관심이다. 이것이 하
나님 나라를 발견한 사람의 행동이다. 남이 보지 못하는 가치가
그 안에 있다는 것을 발견한 사람은 다른 사람들과는 다른 방식
으로 행동하게 되어 있다. 관심의 투자도 다르다. 시간의 투자도
다르다. 재물의 사용도 다르다. 우선순위도 다르다. 자신의 모든
것이 달라질 수밖에 없다. 진정으로 값진 것을 만난 사람은 이러
한 변화를 겪을 수밖에 없다.

- 나는 천국을 얻기 위해 무엇을 포기했습니까? 그리고 무엇을
  더 포기할 수 있습니까?

**3. 어떤 사람이 왜 전 재산을 팔아 값진 진주를 샀습니까? (마 13:46)**

➜ 그 하나가 다른 모든 것보다 더 값지기 때문입니다.

**해설** 밭을 구매하려는 사람처럼 값진 진주를 발견한 사람도 자기 모든 소유를 팔아서라도 그것을 소유하려 한다. 옛날부터 진주는 매우 값진 보물이었다. 클레오파트라는 1억 세스테르티우스(2,500만 데나리온)짜리 진주 하나를 가지고 있었다고 한다. 물론 이런 것을 소유할 수 있는 사람은 극소수일 것이다. 예수님의 비유는 이런 희귀성에 초점을 맞추는 것이 아니라, 다른 것에 맞춘다. 곧 그들 모두가 극상품 진주 이상의 가치를 지닌 천국을 소유한 사람이라는 것이다. 우리가 금은보화나 진주 같은 것들보다 더 귀한 천국을 가지고 있음을 알아야 한다.

• 나는 천국을 가졌기 때문에 마음이 든든하고 자신감을 가집니까?

## 정리하기

어떤 사람이 귀한 난초 한 포기를 위해 몇 천만 원을 투자한다고 할 때 난초에 대해 모르는 사람들은 미친 짓이라고 말할 것입니다. 그러나 그 가치를 아는 사람에게는 그 투자가 전혀 아깝지 않습니다. 천국도 마찬가지입니다. 다른 사람들이 볼 때 천국에 모든 것을 투자하는 것은 미친 짓입니다. 그러나 우리에게는 이것보다 더 값진 일이 없습니다. 천국을 위해 모든 것을 걸고 그로 인해 큰 기쁨을 얻으시기 바랍니다.

## 한 주간 약속

소그룹에서 서로 토의하여 자유롭게 만들어 봅시다.
예) 내 모든 시간을 하나님 나라를 위해 쓰기.

# 은혜로운 아버지 비유

◆

누가복음 15:11-24

**찬양을 드리며:** 나 행한 것 죄뿐이니(274장) / 여러 해 동안 주 떠나(278장)

**주간 약속 나누기:** 한 주간의 약속을 나누고 서로의 모습을
있는 그대로 받아 주세요.

# 마음열기

2012년을 뜨겁게 달군 드라마 <넝쿨째 굴러온 당신>을 기억하십니까? 이 드라마에서 가장 시청률이 높았던 장면은 얼마 전 옆집으로 이사 온 의사 청년이 자신의 잃어버린 아들 '방귀남'인 것을 아버지 '방장수'가 알게 되는 장면입니다. 잃어버려 죽은 줄로만 알았던 아들이 바로 자신 앞에 있다는 사실에 아버지는 넋을 잃고 오열하고 맙니다. 이 드라마는 '잃어버린 것을 찾는다는 것,' 없어져서 찾기를 포기했던 것을 다시 찾은 '잃어버렸던 자의 기쁨'을 아주 잘 드러내고 있습니다. 예수님께서도 이와 비슷한 이야기를 해주십니다.

• 만약 잃어버린 자녀를 다시 찾게 되었다면 그 기쁨을 어떻게
  표현할 수 있겠습니까?

# 성경과의 만남

누가복음 15장에 나오는 세 개 비유는 잃었다가 찾는 것을 공통적인 주제로 삼고 있습니다. 백 마리 중 한 마리 잃어버린 양, 열 개 중 한 드라크마, 그리고 두 아들 중 한 아들을 찾는 이야기들입니다. 이 이야기들에는 잃었다가 찾았을 때 누리는 큰 기쁨이 소개되고 있습니다. 이 기쁨은 의외의 기쁨이며, 회개하고 돌아오는 자에 대한 기쁨입니다. 이 속에는 모두 하나님의 마음이 반영되고 있습니다. 아버지는 잃어버린 아들을 내내 기다렸고 또 아들이 돌아왔을 때 가장 기뻐하며 아들을 맞아 주었습니다. 우리는 그에게서 하나님의 품을 봅니다.

## 1. 아버지를 떠난 아들이 맞이한 결말은 무엇입니까? (눅 15:13)

➔ 자유를 위해 떠났으나 아들은 또 다른 예속을 맞았습니다.

**해설** 둘째 아들은 아버지를 떠나 허랑방탕한 삶을 살았다. 그는 자유를 기대했지만 이내 가장 부자유한 상태가 되었다. 재산을 다 낭비하고 나자 그는 가난의 족쇄에 얽매이게 되었다. 흉년 속에서 사람들은 돼지에게는 먹이를 줄지언정 탕자에게는 아무 것도 주려 하지 않았다. 철저한 무시와 비인간적 대접을 받으며 그는 아버지의 집을 떠올렸다. 많은 후회가 밀려왔고 그때서야 그는 아버지 집으로 돌아갈 생각을 하게 되었다. 이처럼 하나님을 떠난 인생은 자유가 아니라 후회와 비참의 족쇄에 매이게 된다.

• 내가 하나님 아버지를 떠나 있었을 때 내 삶과 영혼의 상태
는 어떠했습니까?

## 2. 아버지는 다시 돌아온 아들을 어떻게 맞이합니까? (눅 15:20)
➡ 합당한 정도가 아니라 감당 못할 은혜를 베풀어 줍니다.

**해설** 아버지께 다시 돌아가려는 아들이 바란 것은 아들의 신
분이 아니라 품꾼들 중의 하나로 고용되는 것뿐이었다. 그러나 그
가 돌아왔을 때 아버지는 그를 아들로 맞았다. 아들의 지위를 결
정하는 것은 아들의 생각이나 자격이 아니라 아버지의 은혜이다.
모든 주도권과 결정권은 아버지에게 있다. 이 이야기 속에서 아버
지 역시 양을 찾는 목자처럼 '찾는 아버지'이다. 비록 돌아온 아들
이 그에게 지은 죄가 있었지만, 아버지의 긍휼의 마음은 그 모든
것들을 용서하고 품을 준비가 다 되어 있었다. 하나님은 '나에게
합당한 것' 이상을 베풀어주시는 은혜의 아버지이시다.

• 둘째 아들처럼 내가 하나님께로 돌아올 수 있었던 은혜는 무
엇이었습니까?

## 3. 돌아온 동생을 환대하는 아버지를 보고 형이 어떻게 반응했습니까? (눅 15:32)

➜ 기뻐하기는커녕 아버지를 더 못마땅해 했습니다.

**해설** 맏아들은 돌아온 동생 때문에 아버지가 베푼 잔치를 기뻐하지 않았다. 그는 동생의 소행도 못마땅했지만, "여러 해 아버지를 섬겨 명을 어김이 없는" 자신에게는 염소 새끼 한 마리 내어준 적이 없는 아버지가 더 못마땅했다. 동생보다 우월하다고 생각하는 자신의 의로운 행위가 보상을 받지 못한 것에 분노한 것이다. 이것이 아버지와 맏아들의 결정적인 차이이다. 아버지에게는 긍휼의 마음이 가득했지만, 맏아들에게는 차가운 비판의 마음만 가득했다. 아버지의 은혜를 알 때 우리의 유일한 반응은 감사뿐이다.

• 하나님의 잃어버린 자녀가 돌아왔을 때 내 반응은 어떻습니까? 혹 맏아들 같이 반응하지 않습니까?

## 정리하기

너무나도 잘 알려진 이야기지만 들을 때마다 우리 마음을 적십니다. 왜냐하면 우리 자신이 탕자였기 때문입니다. 하나님을 떠나 자유를 누리려 했고, 하나님께로 돌이킬 때는 자격 없는 모습에 두려움이 앞섰습니다. 그러나 하나님께서는 긍휼하시고 자비로우신 분이기에 우리를 따뜻하게 맞아주셨습니다. 자비로우신 아버지께 한없는 감사와 찬송을 올려드리기 바랍니다.

## 한 주간 약속

소그룹에서 서로 토의하여 자유롭게 만들어 봅시다.
예) 새로 나온 형제자매에게 '환영의 문자' 보내기.

Lesson 6
# 낙심하지 않는 기도 비유

누가복음 18:1-8
**찬양을 드리며:** 마음 속에 근심 있는 사람(365장) / 나의 영원하신 기업(435장)
**주간 약속 나누기:** 한 주간의 약속을 나누고 서로의 모습을
있는 그대로 받아 주세요.

# 마음열기

영화 <도가니>(2011)는 대한민국 사법부의 공정하지 못한 처사를 고발했다는 점에서 큰 의미가 있습니다. 주인공 두 사람을 통해 교사들의 범죄 행적이 '명약관화'하게 밝혀졌음에도 올바른 판결을 회피하는 비열한 판사들의 모습에 관객들은 혀를 내두를 수밖에 없었습니다. 만약 대한민국의 모든 판사들이 이렇다면 이 사회는 어떻게 될까요? 명백한 증거를 가지고 나의 무혐의를 호소한들 무슨 소용이 있겠습니까? 판사의 집 앞에 찾아가 간청을 한들 뭐가 달라질 수 있겠습니까? 눈물을 흘리며 간구한들 그들의 마음에 변화가 깃들 수 있을까요?

• 만약 하나님께서 이런 판사 같다면 내가 간절히 기도할 수 있겠습니까?

# 성경과의 만남

예수님께서는 우리가 포기하지 말고 기도하기를 권장하기 위해 하나의 비유를 말씀하십니다. 이 비유를 푸는 열쇠는 "하물며"입니다. "불의한 재판장과 과부 비유"는 선하신 하나님과 그 택한 자녀 관계와 대조를 이룹니다. 과부의 끈질긴 간청이 심지어 불의한 재판장이라도 움직인다면, 택한 자녀의 끈질긴 간청은 가장 자비로우신 아버지의 마음을 얼마나 더 잘 움직일 수 있겠느냐는 것입니다. 그러므로 성도는 아버지와 자신의 관계를 생각하여 낙심하지 말고 믿음으로 계속 간구하라는 것이 이 비유의 핵심적 권면입니다.

## 1. 과부가 재판장에게 하는 간청은 어떤 뜻입니까? (눅 18:3)
➜ 부당한 일에 대해 정의를 바로 잡아 달라는 요청입니다.

**해설** 이런 요청은 정당한 것이고 하나님을 두려워하는 재판장이라면 얼른 이를 받아들여야 한다. 왜냐하면 그들은 "고아의 아버지시며 과부의 재판장"(시 68:5)이신 하나님을 대신해 재판하는 자이기 때문이다. 그런데 비유 속 재판장은 하나님을 두려워하지도 않고 사람을 무시한다. 이런 재판장의 마음을 움직이는 것은 참으로 어려운 일이다. 이 과부가 쓸 수 있는 무기는 하나밖에 없다. 바로 끈질긴 간청이다. 재판장은 이 과부가 자기를 괴롭게(문자적으로는 타박) 하지 않을까 염려가 되어 그 청에 응한다.

• 비유 안에서 "끈질기게 기도해야 한다는 것"을 말하는 내용
  은 무엇입니까?

## 2. 과부처럼 우리도 포기하지 말아야 할 이유가 있습니까? (눅 18:7)

➜ 불의한 재판장보다 하나님께서 더 자비로우시기 때문입니다. 또 우리
의 아버지시기 때문에 더 신속히 응답하십니다.

**해설** 예수님은 일부러 이런 대조를 사용하셨다. 재판장과 비
교할 수 없이 선하시고 자비로우시다. 또 재판장은 과부와 관계
가 없지만 하나님과 성도는 그렇지 않다. 성도는 하나님의 "택하
신 자들"이며 그가 가장 사랑하시고 아끼는 자녀들이다. 하나님
은 자녀들이 구하기도 전에 그들에게 있어야 할 것이 무엇인지
아시고 또 무엇이든 그들이 구하는 것을 주고 싶어 하시는 분이
시다. 그렇다면 불의한 재판장조차도 움직이게 만드는 그런 간
청의 자세로 하나님께 나아간다면 우리가 얻지 못할 것이 무엇
이겠는가?

• 혹 기도를 하다가 포기한 적이 있었습니까? 그때 더욱 기도
  했다면 어땠을까요?

### 3. 끈질기게 기도하면 되는데 무엇이 문제입니까? (눅 18:8)

➜ 문제는 믿음의 실행입니다. 마지막 때에 끈질기게 기도하는 것이 쉽지는 않습니다.

**해설** 비유를 잘 따라온 사람이라면 기도에 있어서 큰 확신을 회복할 수 있을 것이다. 그런데 문제는 우리가 실제로 이것을 잘 활용하기 어렵다는 점이다. 비유 마지막에 가서 예수님은 현실 속으로 돌아오신다. 우리의 확신이 정보 정도에 머물고 실제 상황에 적용되지 않으면 아무 소용이 없다. 그래서 예수님은 "인자가 올 때에 세상에서 믿음을 보겠느냐"고 말씀하신 것이다. 곧 마지막 때에 믿음을 지키기 어렵다는 말씀이다. 그렇기에 우리는 과부처럼 더욱 간청하는 사람이 되어야 한다.

• 끈질기게 기도해 응답을 받은 경험이 있습니까? 있다면 서로 나누어 봅시다.

## 정리하기

우리의 하나님은 불의한 재판장에 비교할 수 없이 선하고 자비로
우신 분입니다. 우리가 요청하기만 하면 우리의 원한을 풀어주시
고 사랑하는 자녀인 우리의 요구를 들어주시는 분이십니다. 중요
한 것은 우리의 믿음을 실행에 옮기는 것입니다. 믿음이 실행될
때만 우리는 낙심되는 상황을 이기고 기도로 승리할 수 있습니다.

## 한 주간 약속

소그룹에서 서로 토의하여 자유롭게 만들어 봅시다.
예) 포기해 버렸던 기도제목을 가지고 다시 기도하기.

# 용서에 관한 비유

◆

마태복음 18:21-35

**찬양을 드리며:** 네 맘과 정성을 다하여서(218장) / 날 대속하신 예수께(321장)

**주간 약속 나누기:** 한 주간의 약속을 나누고 서로의 모습을
있는 그대로 받아 주세요.

## 마음열기

　　미우라 아야꼬의 『양치는 언덕』은 용서 받은 자만이 용서한다
는 진리를 담고 있는 소설입니다. 주인공은 외도를 범한 배우자
로 인해 인생이 파괴될 위기에 처했습니다. 그런 상황 중에 주인
공의 아버지가 용서할 것을 권합니다. 어떻게 자기 딸의 인생을
망가뜨린 사위를 받아들일 수 있었을까요? 그것은 바로 그 아버
지 또한 외도했던 과거가 있었고 주인공의 어머니가 용서해 주어
가정생활을 영위해 갔기 때문입니다. 이 소설은 아주 짧은 소설이
지만 용서에 대한 성경적 통찰을 효과적으로 담아내고 있습니다.

　　• 나는 진정한 용서의 의미가 무엇이라고 생각합니까?

# 성경과의 만남

예수님은 누가 천국에서 높은 사람인지 말씀하시는 중에 우리가 용서하는 사람이 될 것을 천국 비유를 통해 가르쳐 주십니다. 이 비유의 직접적인 계기는 베드로의 질문입니다. "주여 형제가 내게 죄를 범하면 몇 번이나 용서하여 주리이까 일곱 번까지 하오리이까?" 당시 랍비들은 보통 세 번까지는 용서해주라고 가르쳤는데, 베드로가 일곱 번을 언급한 것은 상당히 높은 수준이라 할 수 있습니다. 그러나 예수님은 "일곱 번을 일흔 번까지라도" 하라고 말씀하십니다. 횟수의 문제가 아니라 왜 용서하지 않을 수 없느냐는 본질을 꿰뚫는 질문입니다.

## 1. 비유가 말하는 천국은 어떤 나라입니까? (마 18:23)

➔ 천국은 용서가 지배하는 나라입니다.

**해설** 자신에게 일만 달란트나 빚을 진 사람을 선뜻 탕감해주는 왕의 모습을 이해하기는 쉽지 않다. 물론 자신에게는 그 종이 자기 몸과 처자들을 팔아서라도 빚을 갚아야 할 권리가 있음을 확인시킨다. 그러나 종국적으로 그 왕의 행위는 그 종을 불쌍히 여기는 긍휼에 의해 지배된다. 왕은 자신의 통치가 긍휼과 용서의 통치라는 것을 잘 보여준다. 이것이 하나님 나라의 특성이다. 우리는 우리 스스로의 노력으로 하나님 나라를 얻는 것이 아니라, 긍휼과 용서로 우리를 대하시는 하나님의 선물로 얻는다. 천국은 용서가 지배하는 나라이다.

- 이 비유를 통해 알 수 있는 하나님 나라의 특징은 무엇입니까?

## 2. 천국에 합당하지 않은 사람은 어떤 사람입니까? (마 18:28)
➜ 용서하지 않는 자는 천국에 합당하지 않습니다.

**해설** 헤롯 대왕의 일 년 연봉이 구백 달란트 정도였다고 하니 일만 달란트는 한 개인이 빚지기에는 거의 불가능한 금액이다. 하지만 이 비유의 초점은 이런 엄청난 규모의 액수와 백 데나리온밖에 되지 않는 적은 빚 사이의 대조에 있다. 한 달란트는 육천 데나리온에 해당한다. 그러므로 일만 달란트에 비해 백 데나리온은 1/60만 정도이다. 자신은 60만 배나 되는 금액을 탕감 받았으면서도 적은 빚에 대해서는 무자비하다. 자신이 받은 용서가 무엇인지를 전혀 깨닫지 못한 것이다. 이 사람은 왕의 긍휼을 철저히 악용하는 악한 마음의 소유자인데, 이런 사람은 천국에 합당하지 않다.

- 나는 잘 용서하는 사람입니까? 끈질긴 사과에도 끝까지 용서하지 않았던 적은 없습니까?

## 3. 하나님은 어떤 사람을 기뻐하십니까? (마 18:35)

➡ 하나님께서는 마음으로부터 용서하는 사람을 기뻐하십니다.

**해설** 백 데나리온 빚 때문에 자기 동료를 감옥에 집어넣은 이 사람의 이야기를 들은 왕은 그 사람을 다시 불러들였다. 그러면서 자신이 그를 불쌍히 여겨준 사실을 상기시킨다. 그것이 진정 귀한 줄 알았다면 그 사람 또한 "마땅히" 자기 동료를 불쌍히 여기는 사람이 되어야 했다(33). 결국 왕은 이 사람을 다시 붙잡아 옥졸들에게 붙인다. 여기서 "한 번 탕감해준 것을 어떻게 다시 갚으라고 하나?"라는 의문이 들 수 있다. 하지만 이 비유의 초점은 법적 절차가 아니라 용서 받은 하나님 나라 백성이 용서를 따라 사는 사람이 되기를 바라는 것에 있다.

• 내 형제를 용서할 때 하나님께서는 내게 무엇을 약속하십니까?

## · 정리하기 ·

나 자신이 감당치 못할 용서를 받은 사람임을 깨닫는다면, 무한히 용서하는 사람이 될 수 있습니다. 물론 이것이 죄를 다 덮자는 말은 아닙니다. 이 문제는 예수님께서 또 다른 방식으로 우리가 어떻게 대처해야 할지를 일러주셨습니다(마 18:15-20). 자신의 죄를 회개하고 용서를 구하는 사람에게 우리는 언제나 용서와 긍휼의 손길을 내미시기 바랍니다.

## · 한 주간 약속 ·

소그룹에서 서로 토의하여 자유롭게 만들어 봅시다.
예) 용서하지 못했던 사람을 찾아가 그를 용서하기.

Lesson 8
# 열 처녀에 관한 비유

◆

마태복음 25:1-13
**찬양을 드리며:** 우리가 지금은 나그네 되어도(508장) /
나의 갈길 다 가도록(384장)
**주간 약속 나누기:** 한 주간의 약속을 나누고 서로의 모습을
있는 그대로 받아 주세요.

## 마음열기

　월드컵 같은 축구 경기 시청은 기다림이라는 주제와 곧잘 어울립니다. 어떻게 보면 따분한 경기 속에서 골이 들어가는 그 한 장면을 보기 위해 모두들 긴장을 늦추지 않고 기다리는 것이기 때문입니다. 기다림이 싫어 TV을 끄는 사람에게는 골이 들어갈 때의 짜릿함이란 있을 수 없습니다. 다음 날 하이라이트 방송이나 영상을 통해 뒤늦게 다시보기를 시청할 뿐입니다. 하지만 지루한 경기 내용 속에서도 놓치지 않고 TV를 주시했던 사람에게는 형언할 수 없는 한 골의 짜릿함이 주어집니다.

　• 나는 어떤 것을 잘 참고 기다리는 사람입니까?

# 성경과의 만남

예수님은 "주의 임하심과 세상 끝"(마 24:3)에 관해 묻는 제자들을 향해 "깨어 있으라," "준비하고 있으라"는 말씀을 여러 차례 반복하여 들려주십니다. 그 이유는 "그 날과 그 때는 아무도 모르기" 때문입니다(마 24:36, 25:13). 예수님은 이런 상황을 몇 가지 비유들을 통해 일러 주십니다. 그 중에서도 열 처녀의 비유는 바로 이어서 나타나는 달란트 비유와 함께 매우 잘 구성된 아름다운 비유 중의 하나입니다. 당시에 등은 기름에 적셔 불을 밝히는 횃불 같은 것이기에 신랑을 기다리는 이들은 등뿐만 아니라 기름까지도 넉넉히 준비해야 했습니다.

## 1. 미련한 다섯과 달리 슬기로운 다섯은 무엇을 더 준비했습니까?
   (마 25:4)

➜ 슬기로운 다섯은 신랑이 더 늦을 것을 대비해 기름을 넉넉히 준비했습니다.

**해설** 그들은 "그릇에 기름을 담아" 별도의 기름까지 넉넉히 준비했다. 이것이 빛을 발하게 된 것은 "신랑이 더디" 온 상황 때문이다(5). 혹 누군가는 미련한 다섯만 잠들었다고 생각하는데, 열 처녀 모두 잠들었다. 그들이 잠을 잔 것을 두고 책망하는 사람은 아무도 없다. 이 비유의 핵심은 잠에 있지 않고 넉넉한 준비에 있다. 신랑이 기대하는 것보다 더디 올 수 있다는 상황을 고려하여 필요한 모든 것을 잘 준비하고 있느냐 하는 것이 핵심이다.

- 나는 하나님 나라의 완성을 바라보며 무엇을 준비하고 있습니까?

## 2. 이 비유를 해석할 때 주의할 것이 무엇입니까? (마 25:9)

➔ 알레고리적인 해석에 빠져서는 안 됩니다. 기름과 같이 다른 지엽적인 것에 지나치게 의미를 부여해서는 안 됩니다.

**해설** 신천지 이단에서는 여기 나오는 등은 성경책이고, 기름은 성령의 말씀으로 보면서 기성 교회 교인들은 등만 들고 있는 반면, 자기들은 기름 파는 자 곧 종말론적 두 증인으로부터 기름을 공급받는다고 억지 해석을 한다. 예수님의 비유는 이런 알레고리적 해석을 필요로 하지 않는다. 이 비유의 핵심은 신랑이 더디 오는 것과 기름의 준비에 있다. 이 지연 상황은 시간의 주관자가 인간이 아니라 오직 하나님만이 주관자가 되시기 때문에 일어난다. 그러므로 우리는 하나님의 방식에 순종하고 우리가 해야 할 준비를 다 하며 살아야 한다.

- 신랑이신 예수님께서 더디 온다고 생각하여 나태한 삶을 살고 있지 않습니까? 내 삶 속에 있는 나태하고 게으른 모습들을 나누어 봅시다.

## 3. 슬기로운 다섯과 달리 미련한 다섯은 어떻게 되었습니까? (마 25:13)

➡ 뒤늦게 준비한 미련한 다섯은 결국 잔치에 들어가지 못했습니다.

**해설** 문이 닫힌 뒤에 열어주기를 그들이 청하였지만 신랑으로부터 "내가 너희를 알지 못하노라"(12)는 매정한 대답만 들었다. 주인의 매정함을 탓할 필요가 없다. 미련한 다섯을 동정할 필요도 없다. 이것은 현실의 묘사가 아니라 비유이다. 준비된 자 외에는 메시아 잔치에 참여할 수 없다는 것을 강조해서 보여주는 것이다. 주님의 최종적인 강조점은 "깨어 있으라"(13)에 있다. 이 비유에서는 기름을 잘 준비하는 것이 깨어 있는 모습이다. 이런 준비가 필요한 이유는 우리가 그분의 오시는 날과 시간을 알지 못하기 때문이다.

- 게으르고 나태한 모습을 극복하기 위해 어떤 노력을 해야 할까요?

## 정리하기

주의 날이 "밤에 도둑 같이," 또 사람들이 "평안하다, 안전하다 할
그 때에 임신한 여자에게 해산의 고통이 이름과 같이" 올 것입니
다(살전 5:2-3). 그러나 "빛의 아들이요 낮의 아들"인 성도에게는
그 날이 도둑 같이 오지 않습니다. 왜냐하면 준비하며 살아가기
때문입니다. 주님이 주관하시는 잔치를 기대하며 우리는 늘 깨어
있는 삶을 살아야 하겠습니다.

## 한 주간 약속

소그룹에서 서로 토의하여 자유롭게 만들어 봅시다.
예) 내 삶의 나태한 부분을 발견하여 고치기.

# 절기 공과

명절은 항상 풍성해서 좋습니다. 넉넉한 인심도 있고, 먹을 것도 많아 좋습니다. 교회에서 지키는 절기들도 그리스도의 구속과 은혜가 담긴 명절과도 같습니다. 각 교회 절기도 명절같이 풍성함이 있습니다. 우리를 향한 하나님의 은혜와 예수님의 애틋한 사랑과 성령님의 교제하심이 있습니다. 이번 과정을 통해서 우리를 향한 삼위 하나님의 관심과 사랑을 느껴보시기 바랍니다. 우리를 향한 하나님의 사랑은 하늘을 두루마리 삼고 바다를 먹물 삼아도 다 기록할 수 없는 큰 사랑입니다.

# 만일 부활이 없다면

◆

고린도전서 15:12-19
**찬양을 드리며:** 무덤에 머물러(160장) / 주님께 영광(165장)
**주간 약속 나누기:** 한 주간의 약속을 나누고 서로의 모습을
있는 그대로 받아 주세요.

## 마음열기

264

한 여인이 투병 끝에 죽음이 가까이 다가오자 아들들을 불러 놓고 하나하나 작별 인사를 나누고는 그 남편에게 가느다란 목소리로 말했습니다. "여보, 당신을 사랑해요. 당신에게 부탁드리는 것은 이 아이들을 하나도 빠짐없이 나 있는 곳으로 데리고 오셔요. 그렇게 약속할 수 있죠?" 그녀는 머리를 끄덕이는 남편을 보면서 천국으로 올라갔습니다. 죽으면 끝이 아닙니다. 이 세상이 마지막이 아닙니다. 반드시 부활이 있습니다. 누군가는 예수님께서 장사되신 무덤을 '지나가는 숙박소'라고 말했습니다. 부활은 반드시 이루어질 사건입니다.

• 이 세상을 떠나기 전 내 마지막 인사는 무엇입니까?

# 성경과의 만남

바울이 사역한 고린도교회 안에도 부활을 믿지 않는 자들이 있었습니다. 이들은 예수님의 부활은 믿지만 자신의 부활은 믿지 않았습니다. 그러나 바울은 어느 하나가 사실이라면 다른 하나도 사실이라고 분명하게 말했습니다. 아마도 부활을 반대한 이들은 당대의 지식인들이라 자부하는 자들이었을 것입니다. 오늘날도 몸의 부활도, 내세도, 천국과 지옥도 믿지 않으면서 교회는 버젓이 다니는 사람들이 많습니다. 무식해서가 아니라 유식하고, 지혜롭기 때문입니다. 만일 그들의 주장대로 만일 부활이 없다면 어떤 일이 일어날까요?

## 1. 만일 죽은 자의 부활이 없다면 어떻게 됩니까? (고전 15:13)

➜ 그리스도께서 죽지도 않으시고 부활하지도 않았을 것입니다.

**해설** 예수님께서 십자가에 못 박혀 죽으심은 장차 삼 일 후에 보일 영광을 얻고자 함이었다. 만일 죽은 자의 부활이 없다면 예수님의 부활도 없었을 것이다(16). 그러나 예수님은 분명히 부활하셨고 성경과 역사가 그것을 증명하고 있다. 빌리 그래함 목사는 '예수님께서 죽음에서 사셨다는 증거는 카이사르가 있었다는 증거나 알렉산더 대왕이 30세에 죽었다는 증거보다 더 많다'고 했다. 만일 그리스도의 부활이 없었다면 우리 인생은 가장 비참하게 되고 말았을 것이다. 그래서 재킨스는 '예수의 말씀이 창조의 위력을 갖는 이유는 그가 부활했기 때문'이라고 했다.

- 만약 예수님이 부활하지 않았다면 어떤 일이 일어났을까요?

## 2. 만일 죽은 자의 부활이 없다면 어떻게 됩니까? (고전 15:14)
➜ 전도도, 믿음도 필요 없습니다.

**해설** 만일 부활이 없다면 전도할 필요가 없다. 어차피 죽으면 끝인데 전도는 무슨 전도인가? 만일 부활이 없다면 믿음도 헛것이다. 부활이 없는데 도대체 무엇을 믿는단 말인가? 부활이 없다면 복음도, 기독교도 다 가짜이다. 복음이 가짜면 우리는 거짓 증인이 되고(15), 기독교가 가짜면 우리는 여전히 죄 가운데 남아 있게 된다. 그러나 부활은 분명히 있다. 성경은 반드시 부활이 있다고 말씀한다. "그들이 기다리는 바 하나님께 향한 소망을 나도 가졌으니 곧 의인과 악인의 부활이 있으리라 함이니이다"(행 24:15).

- 부활이 없다고 가정한 뒤 옆에 있는 구역원에게 복음을 전해 봅시다. 그런 다음 서로의 마음을 나눠봅시다. 어떻습니까? 은혜가 됩니까?

### 3. 부활이 없다면 누가 가장 불쌍한 사람입니까? (고전 15:19)

➜ 예수님을 따라 고통 받은 성도가 가장 불쌍한 사람입니다. 반대로 부활
이 있다면 예수님을 핍박하고 조롱하던 자가 가장 불쌍한 사람입니다.

**해설** 만일 부활이 없다면 남이 욕할 때 웃어야 했고, 남이 때
릴 때 뒤에서 기도해야 했고, 주일에 남들 놀러 다닐 때 시간을 드
리고 물질을 드렸던 성도가 가장 불쌍한 사람이다. 그러나 반대
로 부활이 있다면 남보다 자신의 유익을 구하였고, 예수님을 믿
기보다 명예나 권력을 믿고, 교회를 조롱하며 하나님을 기만했던
사람들이 불쌍한 사람이다. 나는 어디에 속했는가? 부활은 반드
시 있다. 그럼 누가 불쌍한 사람인가?

• 부활을 바라보며 역경을 견뎠던 경험이 있습니까?

## • 정리하기 •

죽음 뒤에는 부활이 있습니다. 예수님은 우리가 장차 부활할 것을 보여주시기 위해 우리 앞서 부활하셨습니다. 부활에는 영광이 있습니다. 우리는 저녁에 자고, 아침에 일어날 때마다 죽음과 부활을 연습합니다. 연습은 언젠가 끝날 것입니다. 그리고 실제로 그 날이 우리에게 임할 것입니다. 그 거룩한 부활의 날을 사모하고 준비하며 기다리시기 바랍니다.

## • 한 주간 약속 •

소그룹에서 서로 토의하여 자유롭게 만들어 봅시다.
예) 부활의 소식을 전할 사람을 정해 기도하고 전하기.

성령강림절

# 성령님이 임하시면

◆

사도행전 2:1-13

**찬양을 드리며:** 성령이여 강림하사(190장) / 성령이여 우리 찬송 부를 때(195장)
**주간 약속 나누기:** 한 주간의 약속을 나누고 서로의 모습을
있는 그대로 받아 주세요.

## 마음열기

특별감지기능을 아십니까? 이것은 인간의 감각 즉 시각, 촉각,
미각, 청각, 후각으로는 감지할 수 없고 판단할 수도 없는 것을 과
학 도구로 분석하는 기능입니다. 북극의 자력은 나침반이 감지하
고, 먼 곳에서 오는 전파는 레이더가 감지합니다. 그래서 만일 누
군가 인간의 오감만 인정한다면, 그는 많은 부분을 놓치고 살 것
입니다. 마찬가지로 인간의 오감으로 하나님의 살아계심을 알 수
없다하여 하나님을 부인하는 것은 더욱더 어리석은 일입니다. 그
렇다면 하나님을 어떻게 알 수 있습니까? 오직 성령님을 모신 사
람만이 알 수 있습니다.

• 나는 성령 하나님과 깊은 교제를 나누고 있습니까?

# 성경과의 만남

예수님은 승천하시면서 제자들에게 예루살렘을 떠나지 말고 아버지께서 약속하신 "성령님"을 기다리라고 하셨습니다. 제자들은 모여서 열심히 기도했고, 그렇게 기도한 지 열흘 째 날이 되었습니다. 그날은 오순절이었습니다. 그날 성령님께서는 눈과 귀에 보이게 임하셨고, 제자들은 모두 성령 충만함을 받았습니다. 성령 충만함을 받은 제자들은 각지에서 오순절 명절을 지키기 위해 예루살렘으로 올라온 이들에게 가서 복음을 전했습니다. 이처럼 성령님의 역사가 시작될 때 세 부류의 사람이 있었습니다. 그들은 어떤 사람들이었을까요?

## 1. 오순절에 성령님께서 어떻게 임하셨습니까? (행 2:1-3)

➜ 약속대로 기도할 때 바람 같은 소리가 나고 불의 혀처럼 갈라지는 것으로 나타나셨습니다.

**해설** 성령님께서 눈으로 볼 수 있고, 귀로 들을 수 있게 나타나셨다. 일반적으로 생각하면 성령님은 영이시기 때문에 보거나 들을 수 없다. 그러나 오순절에 오신 성령님은 볼 수도, 들을 수도 있었다. 제자들은 성령님이 임한 후 방언의 은사를 받았다. 방언은 다른 나라 말이다. 그때는 오순절이라 여러 지역으로부터 온 많은 순례자들이 예루살렘에 있을 때였다. 그들은 제자들이 하는

방언을 듣고 놀랐다. 하나님의 약속을 기다리며 끈기 있게 기도
했던 사람들이 놀라운 경험을 했다.

• 성령님은 언제 어떤 모습으로 임하셨습니까?

## 2. 제자들의 모습을 보고 소동했던 사람들은 누구입니까? (행 2:6)

➔ 경건한 유대인들이었습니다. 메시아를 기다렸지만 예수님을 죽이고 성
   령님의 사역을 눈으로만 보는 자들이었습니다.

271

**해설** 이런 사람들을 오늘날로 바꾸어 말하면 교회 사역의 구
경꾼들이다. 겉으로는 경건한 신앙인처럼 보이지만 그저 구경꾼
에 불과한 사람들이 있다. 열심 있는 성도를 보며 부러운 듯, 놀
라운 듯 행동하지만 거기서 더 진전된 행동은 보이지 못한다. 나
는 어떤가? 다른 사람이 은혜 받는 것을 보며 놀라고만 있지 않는
가? 과거에 나도 그랬다고 말하며 스스로 위안을 삼고 있지는 않
는가? 남이 은혜 받은 얘기 말고, 내가 은혜 받은 얘기를 나눠 보
라. 구경꾼이 되지 말고 경험자가 되라.

• 성령님의 역사가 나타날 때 다른 사람의 일처럼 여기며 나와
   는 상관없는 것으로 생각했던 적은 없습니까?

### 3. 제자들을 보고 조롱한 자들이 무엇이라고 말했습니까? (행 2:13)

➡ 새 술에 취했다고 조롱했습니다. 그들은 하나님의 놀라운 역사를 분별할 만한 능력이 없었습니다.

**해설** 그들은 이후에 스데반의 설교를 듣고 그 마음에 찔림을 받았으나 귀를 막고 돌을 들었다. 그들은 우둔하고 무지하여 자기가 믿는 하나님의 역사를 깨닫지 못했다. 나는 하나님의 말씀을 어떤 마음으로 받는가? 오순절 성령강림은 눈에 보이고 귀에 들리게 임했다. 아무도 거부할 수 없는 확실한 사실이지만 보기는 보아도, 듣기는 들어도 깨닫지 못하는 것은 미련한 인생이다. 나는 하나님의 깊으신 뜻을 깨닫지 못하고 그저 교회에서 하는 일을 반대하며 비난만 일삼지는 않는가? 부정적인 입술을 가지지 않았는가? 영적체험은 우리를 긍정적인 사람으로 바꾸어 놓는 것을 기억하라.

• 성령님의 역사가 나타날 때 어떻게 반응해야 할까요?

하나님의 역사에 대한 사람들의 반응은 다양합니다. 오순절에 복음을 듣고 받아들인 이들은 올 때는 옛 사람으로 왔으나 돌아갈 때는 새사람이 되어 돌아갔습니다. 그러나 듣지 않은 이들은 제자들을 조롱했습니다. 그들은 성령님의 역사를 보고서도 구경꾼으로 남았습니다. 성령님의 역사에 대해 어떤 반응을 보이고 있습니까? 그 역사에 적극적으로 동참하기 바랍니다.

소그룹에서 서로 토의하여 자유롭게 만들어 봅시다.
예) 성령 충만을 위해 기도하기, 매일 정기적으로 기도하기.

추수감사절
# 감사하는 인생
◆

골로새서 3:15-17

**찬양을 드리며:** 넓은 들에 익은 곡식(589장) / 산마다 불이 탄다 고운 단풍에(592장)
**주간 약속 나누기:** 한 주간의 약속을 나누고 서로의 모습을
있는 그대로 받아 주세요.


# 마음열기


다음은 '사랑의 원자탄'이라 불리는 손양원 목사님의 감사 제목 중 일부입니다: 첫째, 나 같은 죄인의 혈통에서 순교할 자식이 나게 하셨으니 감사. ··· 넷째, 한 아들의 순교도 귀하다 하거늘 하물며 두 아들의 순교이니 감사. ··· 여섯째, 미국 가려고 준비하던 내 아들, 미국보다 더 좋은 천국 갔으니 감사. 일곱째, 두 아들을 총살한 원수를 회개시켜 내 아들 삼고자 하는 사랑하는 마음을 주신 것에 감사. ······ 아홉째, 이같은 역경 속에서 이상 여덟 가지 진리와 신애(하나님의 사랑)를 찾는 기쁜 마음, 여유 있는 믿음 주셔서 감사.

- 요즘 내가 자주 하는 불평의 말을 감사의 말로 바꾸어 이야기해 보세요.

# 성경과의 만남

사도 바울은 오늘 말씀에서 "감사하는 자가 되라," "감사하는 마음으로 하나님을 찬양하고," "그를 힘입어 하나님 아버지께 감사하라"고 거듭 강조합니다. 왜 이렇게 감사하라고 할까요? 우리가 평강을 위하여 한 몸으로 부르심 받았기 때문입니다. 하나 됨을 유지하는 방법 중 하나가 감사입니다. 감사하는 교회는 소망과 기쁨이 넘칩니다. 감사하는 교회에는 염려와 불안이 없습니다. 오늘부터 "감사"를 시작해 보십시오. 감사의 연습을 하다보면 나도 모르게 감사하며 살게 됩니다.

## 1. 어떤 사람이 감사하며 살아갑니까? (골 3:16)
➜ 그리스도의 말씀이 마음에 풍성한 자입니다.

**해설** 어떤 사람들은 평강이나 감사가 자동으로 이루어지는 것처럼 생각한다. 그러나 그것은 기계적으로 주어지는 것이 아니다. 그것은 그리스도의 말씀의 풍성함을 누리는 자에게만 솟아난다. 성도들 사이에 사랑이 풍성하여 하나가 되면 그리스도의 말씀도 풍성해진다. 왜냐하면 사랑으로 하나 된 공동체에 주님이 함께하시기 때문이다. 이렇게 말씀으로 풍성해지고, 주님이 함께하게 되면 자연히 감사가 넘치게 된다. 삶에 감사가 넘치길 원하면 먼저 말씀으로 내 삶을 가득 채우라. 마음에 말씀이 가득차면 미움도, 염려도, 불안도, 걱정도 자리 잡을 수 없다. 말씀이 함께하는 곳에는 늘 감사만 넘칠 뿐이다.

• 말씀 덕분에 어려운 중에도 감사했던 경험이 있습니까?

## 2. 어떤 사람이 감사하며 살아갑니까? (골 3:16)
➜ 시와 찬미와 신령한 노래를 부르는 자입니다.

**해설** 찬송은 예배와 관련이 있는데, 예수 그리스도의 은혜로 구원 받은 하나님의 자녀들이 예배한다. 우리가 예배 중에 찬양하는 것은 사람을 기쁘게 하거나, 위안을 주기 위해서가 아니라 받은 은혜에 감사하며 하나님을 높여 드리기 위해서이다. 예배할 수 있는 것은 참 감사한 일이다. 생활을 예배 중심으로 바꾼다면 감사가 넘칠 것이다. 주일 예배, 수요, 금요 기도회, 구역 모임, 가정예배 등을 우선순위로 두면 감사하는 생활을 할 수 있다. 왜냐하면 예배를 통해 우리를 돌보시는 하나님의 손길을 깨닫게 되기 때문이다. 시와 찬송과 신령한 노래를 부르며 감사하는 마음으로 하나님을 찬양하라!

• 예배 가운데 깨달았던 감사 제목이 있습니까?

### 3. 감사하며 사는 사람은 어떻게 행동합니까? (골 3:17)

➜ 무엇을 하든지 주 예수의 이름으로 행동합니다.

**해설** 그리스도인은 그 언행에 있어서 그리스도를 본받아야 한다. 말과 행동을 주의해야 하는데, 사실 신경 쓴다고 잘 되지 않는다. "그를 힘입어"라는 말씀처럼 그리스도를 힘입어야 가능하다. 그리스도를 힘입으려면 그를 신뢰하는 믿음이 있어야 한다. 무엇을 하든지 주 예수님의 이름으로 하고, 그를 힘입어 감사하는 자가 진정한 그리스도인이다. 그리스도를 힘입어 날마다 감사하는 삶을 살자. 무슨 일을 하든지 감사하는 마음으로 하자. 감사함으로 많은 열매를 맺자. 무엇을 하든지 예수님의 이름으로 하면 거기에 감사가 있다.

277

- 하나님께 더욱 감사하는 삶을 살기 위해 앞으로 어떤 노력을 하겠습니까?

## • 정리하기 •

어떤 면에서는 감옥과 수도원의 생활은 별로 차이가 없습니다. 그러나 감옥과 수도원을 가르는 가장 큰 차이는 바로 감사입니다. 거친 식사, 험한 잠자리. 환경은 비슷하지만 감옥은 주로 불평이 가득하고, 수도원은 감사로 하루가 지나갑니다. 감사하며 사는 생활 자세는 그리스도인의 최대 덕목임을 기억하십시오. 매사에 감사하는 그리스도인이 되길 바랍니다.

## • 한 주간 약속 •

소그룹에서 서로 토의하여 자유롭게 만들어 봅시다.
예) 하루에 감사 서른 번 이상 하기, 매일 다섯 명 이상에게 감사하다고 말하기.

성탄절

# 기쁘다 구주 오셨네

◆

마태복음 1:20-23

**찬양을 드리며:** 기쁘다 구주 오셨네(115장) / 참 반가운 성도여(122장)
**주간 약속 나누기:** 한 주간의 약속을 나누고 서로의 모습을
있는 그대로 받아 주세요.

## 마음열기

1870년 12월 어느 날, 프랑스군과 독일군이 치열한 전투를 벌이다가 밤이 되어 각자 진영으로 돌아갔습니다. 그런데 그날 저녁은 성탄절 전날이었습니다. 전쟁 중이지만 몇몇 병사들이 텐트 밖으로 나와 하늘의 빛나는 별들을 보며 성탄절 낭만과 추억을 떠올리고 있었습니다. 그때 한 프랑스군 병사가 일어나 아름다운 목소리로 노래를 부르기 시작했습니다. "오 거룩한 밤 별들 반짝일 때 거룩한 주 탄생한 밤일세." 그러자 독일군 편에서 화답하며 노래하기 시작했습니다. 결국 양국 병사들이 총칼을 내려놓고 함께 찬양하기 시작했습니다.

• 성탄절하면 떠오르는 추억이 있습니까?

# 성경과의 만남

아담의 범죄로 모든 사람이 죄인이 되자 죄 없으신 예수님이 사람의 몸을 입고 이 땅에 오셨습니다. 예수님은 죄 없는 사람이 되기 위하여 남자를 알지 못했던 마리아에게서 태어나셨습니다. 이사야는 그분의 이름을 임마누엘이라고 하였습니다. 죄로부터 하나님과 멀어진 인간이 이제 다시 하나님과 함께 거하게 되었다는 뜻입니다. 예수님은 그 이름의 뜻대로 우리를 구원하신 구원자이십니다. 그분이 세상에 오셨습니다. 우리의 구원자가 이 땅에 오셨습니다. 예수님의 탄생에는 세 가지 기적이 동반되었습니다.

## 1. 예수님의 탄생에 동반된 첫 번째 기적은 무엇입니까? (마 1:20)

➜ 하나님이 인간이 되신 기적입니다.

**해설** 의로운 요셉은 약혼한 마리아가 임신한 것을 알고 그것을 문제 삼지 않고 조용히 끊고자 했다. 그는 하나님이 인간이 되신 기적을 알지 못했다. 그때 요셉에게 천사가 나타나 마리아가 성령으로 임신한 것임을 알려주었고, 요셉은 천사의 말대로 마리아를 데려왔다. 그리고 아들을 낳기까지 동침하지 않았다. 예수님의 탄생은 하나님이 인간이 되신 기적이다. 하나님이신 예수님은 인간의 몸을 입고 이 땅에 오셔서 많은 사람을 위해 자기 목숨을 내어 주셨다. 인간에 대한 하나님의 이런 사랑을 확인하는 날이 성탄절이다.

- 하나님이신 예수님이 인간의 몸을 입고 오신 이유는 무엇입
  니까?

## 2. 예수님의 탄생에 동반된 두 번째 기적은 무엇입니까? (마 1:21)
➜ 죄인이 의인이 된 기적입니다.

**해설** '예수'라는 이름은 '여호수아' 또는 '호세아'와 같은 이름이다. '여호와께서 구원하신다'는 뜻인데 천사는 해석하기를 '이는 그가 자기 백성을 그들의 죄에서 구원할 자이심이라'고 한다. 다윗의 자손으로 오실 메시아는 단순히 이스라엘을 정치적으로 구원할 분이 아니라 죄인들을 죄와 사망으로부터 구원할 구원자임을 밝히고 있다. 성탄의 참 의미를 깨닫고 있는가? 예수님의 오심은 죄인을 돌이켜 의인 삼으시는데 목적이 있다. 우리가 그렇게 죄인에서 의인으로 변화된 기적을 체험한 자들이다.

- '예수'라는 이름의 뜻이 주는 은혜를 누리고 있습니까?

## 3. 예수님의 탄생에 동반된 세 번째 기적은 무엇입니까? (마 1:23)

➜ 성령으로 잉태된 기적입니다.

**해설** 오래전 이사야 선지자가 메시아의 탄생을 예언했다. 그리고 마침내 예수님께서 탄생하심으로 그 예언이 이루어졌다. 예수님은 일반적인 출생 방법이 아닌 성령의 능력으로 태어나셨다. 만일 이런 신비로운 출생 방법이 아니었다면 예수님께서 하나님의 아들이신 것과 무죄하신 것이 계속 의심받았을 것이다. 그러나 성령의 능력으로 태어나셨기에 예수님이 하나님의 아들이란 사실이 더욱 분명해졌다. 뿐만 아니라 하나님이 사람의 몸을 입은 것도 신비인데, 성령님의 능력으로 이 일이 가능해졌다. 성령으로 잉태되어 태어나신 예수님은 참 하나님이시며 참 인간이시기 때문에 인간의 죄 문제를 완전히 해결하실 수 있었다. 그 결과 하나님께서 우리와 함께하신다.

- 예수님께서 성령의 능력으로 태어나셔야 했던 이유는 무엇입니까?

## • 정리하기 •

예수님이 오심은 인류의 가장 큰 선물입니다. 성탄의 계절에 예수님의 탄생을 마음껏 알리십시오. "기쁘다 구주 오셨네 만백성 맞으라!" 목소리 높여 주님을 찬양하십시오. 주님은 우리의 찬양과 경배를 받기에 합당한 분이십니다. "성탄을 축하합니다. 예수님이 우리를 구원하기 위해 이 땅에 오셨습니다." 이 기쁨을 많은 사람과 함께 누리시기 바랍니다.

## • 한 주간 약속 •

소그룹에서 서로 토의하여 자유롭게 만들어 봅시다.
예) 예수님의 탄생을 알리는 축하 카드 만들어 세 명 이상에게 보내기.

# 행복한 구역 모임 투 플러스 - 토론식

**초판 1쇄 인쇄** 2020년 11월 26일
**초판 1쇄 발행** 2020년 11월 30일

**집필진** 박흥철 목사, 이성구 목사, 신수인 목사, 변성규 목사,
　　　　 안동철 목사, 최승락 교수, 오경석 목사
**편집 위원** 김은덕 목사, 윤웅열 강도사
**디자인** CROSS-765
**발행인** 이기룡
**발행처** 생명의양식
**등록번호** 서울 제22-1443호(1998년 11월 3일)
**주소** 서울시 서초구 고무래로 10-5(반포동)
**전화** 02-533-2182
**팩스** 02-533-2185
**홈페이지** www.qtlnad.com